Die Rechtsgrundsätze

des

Königl. Preußischen

Ober-Verwaltungsgerichts.

Nach den gedruckten Entscheidungen zusammengestellt
und mit Rücksicht auf die fortschreitende und auf die neuen Provinzen
ausgedehnte Verwaltungsgesetzgebung erläutert

von

K. Parey,
Königl. Verwaltungsgerichtsdirektor a. D.

I. Ergänzungsband,

enthaltend die Rechtsgrundsätze aus Band XIII. und XIV. nebst einer
Nachlese aus Band I.—XII. der Entscheidungen.

Berlin
J. J. Heines Verlag
1887

Druck von Albert Koenig in Guben.

Vorwort.

Die wohlwollende Aufnahme und der reiche Beifall, welcher den „Rechtsgrundsätzen" zu Teil geworden ist, haben den Verfasser veranlaßt, diesen Nachtragsband herauszugeben. Die Zusammenstellung ist nach denselben Grundsätzen erfolgt, wie in dem Stammwerke, jedoch mußten die einzelnen Rubriken um einige wichtige Materien vermehrt werden. Die Nachlese aus den ersten zwölf Bänden ist auf den Umstand zurückzuführen, daß einige aufmerksame Leser gewisse Rechtsgrundsätze vermißten, deren Nachtragung bei näherer Prüfung auch dem Verfasser erforderlich erschien.

Die möglichst weite Verbreitung der Kenntnis des vaterländischen öffentlichen Rechtes unter der Anleitung des höchsten Verwaltungsgerichtshofes ist sicherlich für Jedermann erwünscht; möge diese mühsame Arbeit zur Erreichung des Zieles beitragen.

Berlin, im August 1887.

Der Verfasser.

Inhalt.

Anmerkung: Das Fehlen einiger in dem Inhaltsverzeichnisse des Stammwerkes vorkommender Rubriken erklärt sich aus dem Umstande, daß zu diesen neuere Rechtsgrundsätze nicht zu verzeichnen waren.

Erste Abteilung.

Angelegenheiten der Kommunal- und staatlichen Verwaltungsbezirke.

Zweite Abteilung.

Kultus, Schule und Personenstand.

Dritte Abteilung.

Polizeiliche Angelegenheiten.

Vierte Abteilung.

Der Verwaltungsprozeß.

Erste Abteilung.

Angelegenheiten der Kommunal- und staatlichen Verwaltungsbezirke.

I.

Provinzialverbände.

B. Zwangsetatisierungen.

Nr. 3.

(Einzuschalten hinter S. 5 des Stammwerkes.)

Endurteil des I. Senats vom 26. Juni 1886 (Entsch. Bd. XIII. S. 1).

1) Nach § 36 der preußischen Ausführungsgesetze (zum Reichsgesetze über den Unterstützungswohnsitz vom 6. Juni 1870 — B. G.-Bl. S. 360 — vom 8. März 1871 (G.-S. S. 130) sind die Landarmenverbände verpflichtet, denjenigen ihrem Bezirke angehörigen Ortsarmenverbänden eine Beihülfe zu gewähren, welche den ihnen obliegenden Verpflichtungen zu genügen unvermögend sind. Darüber, ob und welche Beihülfe zu leisten ist, beschließt nach § 42 des Zuständigkeitsgesetzes vom 1. August 1883 nach Anhörung des Kreistages endgültig der Provinzialrat.

2) Unter den im § 59 des Reichsgesetzes erwähnten „Kosten", welche den insolventen Armenverbänden zu erstatten sind, sind in erster Linie solche Ausgaben zu verstehen, welche für die Armenverbände aus der Armenpflege und aus der Überführung des Verpflegten durch endgültiges Urteil des Richters erwachsen.

3) Ist ein zur Übernahme eines Hülfsbedürftigen definitiv verpflichteter Armenverband nach dem Gutachten des mit der Zwangsvollstreckung betrauten Kreisausschusses (§ 33 des Zuständigkeitsgesetzes vom 1. August 1883) nicht in der Vermögenslage, dem vorläufig unterstützenden Armenverbande die entstandenen Kosten zu erstatten, so hat der Oberpräsident nicht das Recht, gegen den Landarmenverband mit der Zwangsetatisierung auf Grund des § 121 der Provinzialordnung (Hessen-Nassau § 94) vorzugehen, vielmehr hat der Ortsarmenverband, gegen welchen eine Kostenforderung (§ 59 des Reichsgesetzes vom 6. Juni 1870) endgültig erstritten worden ist, und welcher zur Befriedigung des Gläubigers außer Stande zu sein glaubt, den Landarmenverband um Hülfeleistung anzugehen und event. die Beschlußfassung des Provinzialrates anzurufen.

4) Ist die Kostenforderung zur Exekution gestellt, so hat die Kommunalaufsichtsbehörde (§ 33 Ziffer 4 des Zuständigkeitsgesetzes vom 1. August 1883), welcher die Leitung der Exekution obliegt, den Ortsarmenverband, welchen sie selbst eben für gänzlich oder teilweise leistungsunfähig erachtet, anzuhalten, den sub 3 angedeuteten Weg zur Befriedigung der die Exekution nachsuchenden Gegenpartei zu beschreiten, denn sie hat darüber zu wachen, daß die rechtskräftig festgestellte Schuld getilgt wird.

5) Der Beschluß des Provinzialrates ist für den Kreisausschuß, welcher die Exekution leitet, maßgebend; derselbe muß die Exekution gegen den Ortsarmenverband insoweit vollstrecken, als letzterer seitens des Provinzialrates für nicht hülfsbedürftig erachtet worden ist.

6) Soweit aber die Hülfsbedürftigkeit von dem Provinzialrate anerkannt worden ist, kann dessen Beschluß gegen den Landarmenverband durch Zwangsetatisierung vollstreckt werden, mithin gegen den Provinzialverband gemäß § 121 (Hessen-Nassau § 94) der Provinzialordnung.

Nr. 4.

Endurteil des I. Senats vom 22. Dezember 1886 (Entsch. Bd. XIV. S. 1).

1) Wird an den Landesdirektor seitens des Oberpräsidenten eine Zwangsetatisierungsverfügung erlassen, so ist der Landesdirektor zur Erhebung der Klage gegen jene Verfügung, auch ohne einen darauf bezüglichen Beschluß des Provinzialausschusses, legitimiert. Partei in diesem Streitverfahren ist zwar gemäß § 121 (Hessen-N. § 94) der Provinzialordnung der Provinzialverband, allein nach § 90 Abs. 3 (Hessen-N. § 63) a. a. O. vertritt der Landesdirektor den Provinzialverband nach außen in allen Angelegenheiten, insbesondere auch da, wo die Gesetze eine Spezialvollmacht verlangen. Er verhandelt Namens des Provinzialverbandes mit Behörden und Privatpersonen, führt den Schriftwechsel und zeichnet alle Schriftstücke.

2) Zwar entspricht es der gesetzlichen Stellung des Provinzialausschusses, wenn derselbe selbst über die Anerkennung von Forderungen und über die Anfechtung von Verfügungen der Aufsichtsbehörde (des Oberpräsidenten) beschließt und dies nicht allein dem Landesdirektor überläßt (§§ 58, 59 — Hessen-N. §§ 56, 57 — Stammwerk S. 78, 79. Nr. 5), allein die Legitimation des Landesdirektors zur Vertretung des Provinzialverbandes nach außen wird dadurch doch nicht berührt. (Vergl. unten Erste Abth. II. F. Nr. 3.)

3) Für die Annahme, daß in Kommunalangelegenheiten der Provinzen für die Außenstehenden (Private oder Behörden) ein regelmäßiger Instanzenzug vom Landesdirektor an den Provinzialausschuß und von diesem an den Provinziallandtag mit der Folgerung vorgeschrieben sei, daß derselbe erschöpft sein müsse, bevor von einer Unterlassung oder Weigerung des Provinzialverbandes als der Voraussetzung des Einschreitens der staatlichen Aufsichtsbehörde im Sinne des § 121 (Hessen-N. § 94) der Provinzialordnung die Rede sein könne, fehlt es an jeder gesetzlichen Grundlage.

4) Wenn dem Besitzer eines als rotzkrank auf polizeiliche Anordnung getödteten Pferdes die seitens des Provinzialverbandes ohne gesetzlichen Grund (§ 59 des Reichs-Viehseuchengesetzes vom 23. Juni 1880, § 12, 1 und § 21 des Ausführungsgesetzes vom 12. März 1881) vorenthaltene Entschädigung auf Anordnung der Regierung abermals ohne gesetzlichen Grund aus der Staatskasse bezahlt worden ist, so kann die Provinz im Wege der Zwangsetatisierung nicht gezwungen werden, dem Fiskus die Auslage zu ersetzen, weil die Entschädigungsforderungen dieser Art nicht der Feststellung durch die Verwaltungs-

behörden, sondern derjenigen im Wege des Zivilprozesses unterliegen. § 4 des Gesetzes vom 11. Mai 1842 (G.=S. S. 192).

5) Die Aufgabe der Schätzungskommission in Verbindung mit der die Entschädigung liquidirenden Ortspolizeibehörde oder mit deren Seuchen=Kommissarius (§§ 18 ff. des Ausführungsgesetzes) ist in diesen Angelegenheiten zur interimistischen Entscheidung nicht berufen.

6) Die hier in Frage stehende Forderung des Fiskus ist keine solche, hinsichtlich welcher die administrative Zwangsvollstreckung vor der Entscheidung des Richters zulässig wäre. (§ 42 der Verordnung vom 26. Dezember 1808 — G.=S. 1817 S. 282.)

II.

Kreise.

A. Wahlangelegenheiten.

Nr. 25.

Endurteil vom 10. November 1877 (Entsch. Bd. III. S. 16). Stammwerk S. 14.
(Einzuschalten daselbst S. 25.)

Wenn der Landrat beim Kreistage den Antrag stellt, daß nach der Ungültigkeitserklärung der Wahl eines von der Majorität zum Kreistagsabgeordneten Gewählten und vom Wahlvorstande für gewählt Erklärten der von der Minorität Gewählte als gewählt anerkannt werde, und wenn der Kreistag diesen Vorschlag durch Beschluß ablehnt, so unterliegt dieser Beschluß der Anfechtung wegen Gesetzesverletzung durch den Landrat nicht. Der § 69 des Zust.=Ges. von 1876, auf welchen diese Entscheidung Bezug nahm, ist jetzt im § 178 der K.=O.=N. enthalten, jedoch dahin abgeändert worden, daß derartige Beschlüsse von dem Landrat nicht mehr angefochten, sondern beanstandet werden und daß hiergegen die Organe des Kreises bei den Verwaltungsgerichten Recht suchen müssen. Der Landrat kommt dadurch stets in die Rolle des Beklagten. Der ebenfalls angezogene § 64 Abs. 2 des Zust.=Ges. ist jetzt der § 113 Abs. 2 der K.=O.=N. Nach dem Wortlaute und dem Sinne dieser — den § 23 der Provinzialordnung vom 29. Juni 1875 (22. März 1881) nachgebildeten — Bestimmung können unter den „Mitgliedern" des Kreistages nur diejenigen verstanden werden, welche bis zur Prüfung ihrer Legitimation als einstweilen berechtigt zu Sitz und Stimme im Kreistage anzusehen sind. Da nun ferner diese einstweilige Berechtigung ausschließlich denjenigen zusteht, welche der Wahlvorstand für gewählt erklärt hat, so kann auch nur auf diese seine „Mitglieder" die dem Kreistage zustehende Legitimationsprüfung sich erstrecken und das Ergebnis derselben nur darin bestehen, daß die Wahl des betreffenden Mitgliedes für gültig oder für ungültig erklärt wird. In beiden Fällen ist hiermit die Legitimationsprüfung beendet. Insbesondere ist im letzteren Falle die Einberufung eines anderen Mitgliedes, welches nach der Ansicht des Kreistages für gewählt hätte erklärt werden sollen, gesetzlich nicht zulässig; vielmehr muß die Anordnung einer Neuwahl erfolgen. Wenn also ein Kreistag die Aufforderung des Landrats, die Wahl des Kandidaten der Minorität zu prüfen, ablehnt, so befindet er sich vollkommen in seinem Rechte und verletzt keineswegs das Gesetz; der betreffende Beschluß konnte also auch nicht angefochten (§ 69 des Zust.=Ges.) und kann jetzt nicht beanstandet (§ 178 der K.=O.=N.) werden. Damit ist aber nicht gesagt, daß ablehnende Beschlüsse nicht unter diese Bestimmungen fallen.

Nr. 26.

Endurteil vom 13. Oktober 1876 (Entsch. Bd. I. S. 102). Stammwerk S. 12.

1) Der § 110 der Kreisordnung von 1872 in Verbindung mit § 90 Nr. 2 des Verwaltungsgerichtsgesetzes vom 3. Juli 1875 (ältere Fassung) ordnete an, daß der Kreisausschuß alle drei Jahre vor jeder neuen Wahl der Kreistagsabgeordneten Verzeichnisse der in den einzelnen Wahlverbänden Wahlberechtigten aufstellen und zur öffentlichen Kenntnis bringen soll. Anträge auf Berichtigung dieses Verzeichnisses waren dann binnen einer vierwöchentlichen Frist bei dem Kreisausschusse anzubringen, gegen dessen Entscheidung die Klage bei dem Verwaltungsgerichte stattfand.

2) Diese Bestimmungen sind durch die nachfolgende Gesetzgebung mehrfach abgeändert:

Zunächst traf der § 63 des Zuständigkeitsgesetzes von 1876 eine neue Bestimmung, welche für die nach dem 1. Oktober 1876 anhängig gewordenen Streitsachen maßgebend und dahin ausgelegt wurde, daß der Kreisausschuß über die Anträge auf Berichtigung der Verzeichnisse fortan beschließen und daß gegen den Beschluß innerhalb 10 Tagen die Klage bei dem Bezirksverwaltungsgerichte stattfinden sollte. Gegen die Endurteile des Bezirksverwaltungsgerichts sollte dagegen ausnahmsweise nicht das Rechtsmittel der Berufung, sondern nur das der Revision stattfinden. Aber auch dieser § 63 des Zuständigkeitsgesetzes von 1876 ist wieder beseitigt durch den § 110 Abs. 2 der Kreisordnungsnovelle vom 19. März 1881, welche vorschreibt, daß gegen den vorgedachten Beschluß des Kreisausschusses die Klage bei dem Bezirksverwaltungsgerichte innerhalb zwei Wochen stattfindet. Hiermit stimmt überein der § 89 Nr. 2 der Verwaltungsgerichtsgesetz-Novelle vom 2. August 1880, welcher an die Stelle des § 90 Nr. 2 des Verwaltungsgerichtsgesetzes älterer Fassung getreten ist. Diese neuesten Vorschriften sind maßgebend für diejenigen Fälle, welche nach dem 1. April 1881 anhängig geworden sind.

2) Hiernach ist auf die Klage im Verwaltungsstreitverfahren lediglich über den Antrag auf Berichtigung des ausgelegten Verzeichnisses zu entscheiden. Dies Verzeichnis soll nur für die bevorstehende Wahl der Kreistagsabgeordneten, für welche es angefertigt und publiziert ist, die Unterlage bilden und hat nur für diese Gültigkeit. Alle drei Jahre vor jeder neuen Wahl wiederholt sich das Verfahren zur Feststellung der Wahlberechtigten, und es sind demgemäß die früher verworfenen Ansprüche von Neuem zu erheben und zu begründen; ebenso ist der Kreisausschuß bei seinen Entschließungen nicht an den Inhalt der früheren Verzeichnisse und der lediglich zu ihrer Berichtigung ergangenen Entscheidungen der Verwaltungsgerichte oder der früheren Heimatsdeputationen gebunden.

3) Behufs Feststellung des Begriffs „selbständige Güter" (§ 98 Nr. 2 der Kreisordnung) ist Folgendes anzuführen:

Das Wahlsystem der Kreisordnung durchbricht das Prinzip, wonach die elementaren Kommunalverbände als solche, sei es durch ihre verfassungsmäßig bestehenden Vertretungen, sei es durch besonders dazu berufene Wahlmänner, die Kreistagsabgeordneten wählen (sollten), in Berücksichtigung von Interessen-Gemeinschaften zunächst zu Gunsten der größeren ländlichen Grundbesitzer und gewisser Gewerbtreibenden (§ 86 der Kreisordnung). Die Teilnahme an dem Verbande wird lediglich durch die Zahlung eines bestimmten Minimalbetrages an Grund- und Gebäudesteuer bezw. an Gewerbesteuer bedingt und zwar derartig, daß die kommunale Bezeichnung des Besitzes, von welchem diese Steuern bezahlt werden, einflußlos ist, daß lediglich die Zugehörigkeit zum platten Lande des Kreises entscheidet, im Übrigen aber die statuierte Ausnahme sich über alle Kommunalverbände des Kreises, Dorfgemeinden wie Gutsbezirke, gleichmäßig erstreckt. Wenn sodann der § 87 a. a. O. bestimmt, daß die Wahlverbände der Landgemeinden 1) sämmtliche Landgemeinden des Kreises, 2) die Besitzer selbständiger Güter und 3) gewisse Gewerbtreibende umfassen, so erscheint die Bestimmung sub 3 hinsichtlich der Gewerbtreibenden lediglich als eine weitere Durchführung des in dem § 86 zur Geltung gebrachten Prinzips der Interessenvertretung.

4) Dasselbe greift auch hier in alle ländlichen Kommunalverbände gleichmäßig ein und hat die unerläßliche Begrenzung durch die Festsetzung eines Minimalsteuersatzes gefunden. Keines von beiden trifft dagegen auf die Nr. 2 des § 87 zu, durch welche den Besitzern „selbständiger Güter" ein Stimmrecht gegeben wird.

5) Es ist zunächst zweifellos, daß durch diese Bestimmung nicht solche thatsächlich geschlossene und wirtschaftlich selbständige Güter getroffen werden sollen, welche sich in dem kommunalen Verbande von Landgemeinden befinden (§ 100 letzter Absatz). Schon dies Moment weist darauf hin, daß der Ausdruck „selbständige Güter" nicht in jener, sondern in seiner kommunalrechtlichen Bedeutung und im Gegensatze zu den in Nr. 1 des § 87 gedachten Landgemeinden gebraucht worden ist. Nach dieser Auffassung werden von der Teilnahme an den Wahlen zu den Kreistagen die Eigentümer sog. kommunalfreier Besitzungen und außerdem die Besitzer solcher Güter, welche zu ländlichen Gutsbezirken als Abspliße derselben gehören, ausgeschlossen. Jene ersteren kommunalfreien Grundstücke sollen als solche nicht fortbestehen; sie hätten vielmehr bereits entweder zu selbständigen kommunalen Bezirken erhoben oder solchen angeschlossen werden müssen, und es entspricht diesem vollständig, daß der Gesetzgeber dieselben in der hier fraglichen Beziehung nicht berücksichtigt hat. Ebensowenig hat aber auch den Besitzern jener „Abspliße" ein persönliches Stimmrecht verliehen werden sollen.

6) Unter dem Ausdruck „selbständige Güter" im § 87 ist nach alle dem dasselbe zu verstehen, wie unter „selbständigen Gutsbezirken" in den §§ 110 und 111, d. h. also **Güter mit kommunaler Selbständigkeit im Gegensatz zu den Landgemeinden.**

7) Der Begriff „Gutsbezirk" ist in den Gesetzen ausdrücklich nicht bestimmt; dieselben beschränken sich darauf, die Rechtsverhältnisse derselben als thatsächlich vorhandener und zu Recht bestehender kommunaler Verbände im Einzelnen zu regeln. Kann der Nachweis der besondern Verleihung der Eigenschaft eines Gutsbezirks durch einen Akt der Staatshoheit nicht geführt werden, so können nur solche öffentlich-rechtliche Verhältnisse maßgebend sein, welche nach der geschichtlichen Entwicklung des Instituts der Gutsbezirke als deren Grundlagen anzusehen sind, oder welche die Selbständigkeit des Gutes in kommunaler Beziehung zur notwendigen rechtlichen Voraussetzung haben.

8) Nach dem A. L.-R. ist das Untertänigkeitsverhältnis die Grundlage der Gutsherrschaften. Die spätere Gesetzgebung stellt die Gutsbezirke in kommunaler Beziehung den Landgemeinden mit der Maßgabe gleich, daß in jenen die Rechte und Pflichten, welche in den Landgemeinden von deren Organen geübt bezw. deren Mitgliedern erfüllt werden, dem Gutsherrn zustehen oder obliegen. Die Grenzen des Gutsbezirks können durch privatrechtliche Verfügungen nicht geändert werden; die Grundsätze über Neubildung und Aufhebung der Landgemeinden finden auch auf die Gutsbezirke Anwendung. Die Größe und der Wert des einzelnen Gutes ist für die Eigenschaft als Gutsbezirk ohne entscheidende Bedeutung, und ein Gleiches gilt von dem Umstande, daß weder die

Gerichtsbarkeit, noch die Polizeigewalt, noch ständische Rechte oder ein Patronat mit dem Besitz verbunden gewesen sind, da keines dieser Rechte ein notwendiges Attribut eines selbständigen Gutsbezirks darstellt. Ebensowenig ist es aber maßgebend, daß ein Gut seit lange als ein geschlossenes besessen, veräußert und im Grundbuche eingetragen worden ist, da diese rechtliche Qualität keine den kommunalrechtlich selbständigen Gütern eigentümlich ist. Wesentlich kommen dagegen folgende Verhältnisse in Betracht:

a) das frühere Bestehen eines Untertänigkeitsverhältnisses über scharwerkspflichtige Hintersassen;

b) kommunale Selbständigkeit (nicht bloße Kommunalfreiheit) in rechtlicher (nicht bloß in faktischer) Beziehung.

Nr. 27.

Endurteil vom 8. November 1876 (Entsch. Bd. I. S. 113). Stammwerk S. 13.
(Siehe daselbst auch die entsprechenden Bestimmungen in der hannoverschen, hessen-nassauischen, westfälischen und rheinischen Kreisordnung.)

Der § 86 der Kreis-Ordnung von 1872 macht, wie namentlich auch der Wortlaut der Bestimmung in dem § 97, Nr. 6 a. a. O. bestätigt, die Zugehörigkeit zu dem Wahlverbande eines Kreises lediglich und allein davon abhängig, daß Jemand innerhalb des Kreises auf dem platten Lande — abgesehen von gewerblichen Unternehmungen im Absatz 4 a. a. O. — Grundstücke von gewisser, nach dem Maßstabe der Grund- und Gebäudesteuer bemessenen Größe eigentümlich besitzt. Die kommunale Beziehung und Bedeutung des Grundbesitzes kommt in diesem Wahlverbande nur insofern in Betracht, als die Grundstücke innerhalb des Kreises gelegen sein müssen und daher mit Kreisabgaben belastet werden können und daß sie nicht zu ständischen Gemeindebezirken gehören dürfen; im übrigen ist es unwesentlich, ob die Grundstücke Landgemeinden oder Gutsbezirken oder beiden zugleich angehören, (ob etwa ein ehemaliges Rittergut in mehreren Abteilungen von verschiedenen Parzellenbesitzern bewirtschaftet wird und diese mit ihren Besitzungen zusammen noch einen Gutsbezirk bilden), oder auch kommunalfrei sind. Es ist mithin bedeutungslos, ob eine Anzahl von Besitzern bezüglich gutsherrlicher Rechte und Pflichten in dem Verhältnisse gemeinschaftlicher Eigentümer steht, und die Eigentümer einzelner selbständiger Güter können um deswillen, weil die letzteren zusammen einen Gutsbezirk bilden, bei der Wahl der Kreistags-Abgeordneten im Wahlverbande der größeren ländlichen Grundbesitzer eine Stimme durch einen Mitbesitzer (der gutsherrlichen Rechte) nicht führen, wenn von den Gütern zusammen mehr als 225 M. an Grund- und Gebäudesteuer entrichtet wird, vielmehr sind die einzelnen Anteile, sofern sie nicht 225 M. an jenen Steuern zahlen, in das Verzeichnis der Landgemeinden aufzunehmen.

Nr. 28.

Endurteil vom 16. Februar 1878 (Entsch. Bd. III. S. 64). Stammwerk S. 17, 18.
(Siehe daselbst die betreffenden Bestimmungen der hannoverschen, hessen-nassauischen, westfälischen und rheinischen Kreisordnungen.)

Nach § 97 Nr. 3 der Kreisordnung können sich Eltern durch ihre Söhne, denen sie die Verwaltung selbständiger Güter dauernd übertragen haben, bei den Wahlen der Kreistagsabgeordneten vertreten lassen. Es gehört dies zu den im § 97 a. a. O. zusammengestellten Ausnahmen von der Regel, daß in Ansehung staatsbürgerlicher Rechte eine Uebertragung auf Dritte, sei es auch nur in

Beziehung auf die Ausübung, nicht gestattet ist. Im Allgemeinen stellten sich diese Ausnahmen als Abweichungen zu Gunsten der Wahlberechtigten (hier der Eltern) dar. Als Pächter würde dagegen der Sohn von der Vertretung des Vaters bei der Wahl auszuschließen sein, denn „Verwaltung" und „Pacht" unterscheiden sich sowohl in sprachlicher als (hier besonders in Betracht kommender) rechtlicher Beziehung:

Die Verwaltung findet statt für Rechnung des Eigentümers, (des Prinzipals), die Nutzung seitens des Pächters für eigene Rechnung; der Verwaltungsvertrag kann gleich dem Vollmachtsvertrage von Seiten des Eigentümers im Allgemeinen unbeschränkt, das Pachtverhältnis dagegen — von einzelnen besonderen Ausnahmen abgesehen — nur nach Maßgabe des Vertrages aufgelöst werden; das Verhältnis zwischen Eigentümer und Verwalter beruht weit mehr als das zwischen Eigentümer und Pächter fortdauernd auf Vertrauen, auf persönlichen Beziehungen, der Prinzipal tritt im Verhältnis zum Verwalter und zu dem verwalteten Gute, aber auch nach außen hin weniger zurück, als der verpachtende Eigentümer gegenüber dem Pächter, welcher zu weit größerer Selbständigkeit gelangt; das erstere überwiegend auf Vertrauen gegründete Verhältnis steht demjenigen zwischen Vater und Sohn weit näher und entspricht ihm mehr, als das streng rechtliche, zunächst auf dem Buchstaben des Vertrages beruhende Verhältnis zwischen Pächter und Verpächter.

Nr. 29.

Endurteil vom 14. November 1877 (Entsch. Bd. III. S. 18). Stammwerk S. 15.

Daselbst vergl. auch die auf die hannoversche, hessen-nassauische, westfälische und rheinische Kreisordnung bezüglichen Vorschriften.

Der Kreistag hat die Wahlen der Kreistagsabgeordneten nicht zu beanstanden (§ 113 Abs. 1 der Kreisordnung von 1872), sondern für ungültig zu erklären (§ 64 Abs. 2 des Zust.-Ges. von 1876, jetzt § 113 Abs. 2 der Kreisordnungsnovelle), hiernächst den gefaßten Beschluß dem Betroffenen (Beteiligten) zuzufertigen und diesem die Erhebung einer förmlichen Klage innerhalb der gesetzlichen Frist (jetzt zwei Wochen) zu überlassen. Wenn die Verhandlungen über die Absicht des Kreistages, die Ungültigkeit einer Wahl auszusprechen, keinen Zweifel lassen, wenn dieser Beschluß nach Ausweis des Wahlprotokolls zur Kenntnis des Betroffenen gebracht worden ist und der letztere hiergegen sofort die Entscheidung des zuständigen Bezirksverwaltungsgerichts angerufen hat, wenn endlich auch seine Erklärung durch Vermittelung des beklagten Kreistages bei dem genannten Gerichte eingegangen ist, so kann darüber, daß eine förmliche Klage überhaupt nicht vorliegt, hinweggegangen werden. Wenn die Wahlverhandlung in Verbindung mit der zugehörigen Wählerliste keinen Zweifel darüber läßt, daß es die Absicht der stimmberechtigten Wähler der Gemeinde gewesen ist, gewisse Wahlmänner zu wählen (zumal, wenn jeder Einzelne die Stimmen sämmtlicher erschienener Wähler erhalten hat) und wenn auch aus dem Schoße des Wahlkörpers keinerlei Protest gegen eine solche Wahl erhoben worden ist, so kann über die auf die Wahl sonst einflußlosen Fehler hinweggegangen werden. Einem Einwande, daß nach Beendigung der ersten Abstimmung sofort die Entscheidung durch das Los zwischen den beiden mit Stimmengleichheit gewählten Personen herbeigeführt werden müßte, stehen die Vorschriften des § 7 (jetzt § 8) des Wahlreglements nicht zur Seite. (Vergl. auch O.-V.-G.-E. vom 2. Mai 1876 — Entsch. 1 S. 13 —). Aus § 5 a. a. O. ergiebt sich nicht, daß zu der engern Wahl Wähler nicht zugelassen werden dürften, welche sich bei der ersten Abstimmung noch nicht beteiligt hatten. Ebenso ist es auch bei den Wahlen zum Abgeordnetenhause.

Nr. 30.

Endurteil vom 22. Dezember 1877. (Entsch. Bd. III. S. 36). Stammwerk S. 16.

Es ist ausgeführt, daß, wenn ein Kreistagsmitglied den Grundbesitz, durch welchen er befähigt wird, Mitglied des Kreistages zu sein, verliert, etwa in Folge der Subhastation, und wenn dann die Ehefrau dieses bisherigen Kreistagsmitgliedes diesen Grundbesitz in der Subhastation erwirbt, daß dann die fernere Wirkung auf Grund der Eigenschaft als Vertreter der Ehefrau nur in dem Falle gesichert ist, wenn in eben jenem Zeitpunkte die anderweiten Voraussetzungen der Wählbarkeit in der Person des Ehemannes zusammen treffen. Dazu gehöre aber ein seit einem Jahre festgehaltener Wohnsitz im Kreise (§ 106 Nr. 2 der Kreisordnung) und es genüge keineswegs die fortdauernde Reichsangehörigkeit (§ 97 I. c.). (Hannover §§ 62 und 53, Hessen-Nassau §§ 63 und 54, Westf. und Rheinpr. §§ 50 und 54.)

In dem vorliegenden Falle war der Betreffende einige Tage vor Einleitung der gerichtlichen Sequestration mit seiner Familie und seinem Meublement von seinem Grundstücke fort und aus dem Kreise gezogen und war erst nach dem Versteigerungstermine dahin zurückgekehrt.

Nr. 31.

Endurteil vom 14. Juni 1880 (Entsch. Bd. VI. S. 71). Stammwerk S. 20.

In einem Kreise waren 1873 in Ausführung der §§ 89, 90 der Kreisordnung von 1872. (Hannover §§ 45, 46, Hessen-Nassau §§ 46, 47, Westf. und Rheinprovinz §§ 38, 39) in dem Wahlverbande der Städte 7, in demjenigen der Landgemeinden 14, in dem Wahlverbande der größeren Grundbesitzer 15 Kreistagsabgeordnete gewählt worden. Bei der 1876 gemäß § 112 a. a. O. vorgenommenen anderweiten Verteilung entfielen auf den Wahlverband der Städte 8, auf den der größeren Grundbesitzer 14 Abgeordnete.

Behufs der nach §§ 107 und 112 I. c. erforderlichen Ergänzungswahlen beschloß der Kreistag am 10. August 1876, daß aus dem Wahlverbande der Städte, welcher bisher 7 Abgeordnete hatte, da die Zahl durch 2 nicht teilbar ist, jetzt das erste Mal die größere Hälfte, also 4 Abgeordnete, ausscheiden sollte, so daß, da diesem Verbande nunmehr 8 Abgeordnete zufielen, 5 neue zu wählen waren. Dies wurde ausgeführt, hatte aber die Folge, daß bei der im Jahre 1879 vorzunehmenden Ergänzungswahl die sechsjährige Wahlperiode erst bei 3 Abgeordneten abgelaufen war, während die übrigen 5 zur Erfüllung jener Wahlperiode noch bis 1882 zu fungieren hatten. Da nun aber von den acht die Hälfte, also vier, auszuscheiden hatten, so hätte einer von den 5 mit ausscheiden und sich mit einer dreijährigen Mitgliedschaft begnügen müssen. Einen dahin gehenden Vorschlag machte der Landrat dem Kreistage mit dem Antrage, das Los darüber entscheiden zu lassen, welcher von jenen 5 Abgeordneten auszuscheiden hätte. Der Kreistag beschloß, diesen Antrag abzulehnen, und nun klagte der Landrat auf Grund des § 69 der Kreisordnung vom 12. December 1872 bei dem Bezirksverwaltungsgericht mit dem Antrage,

> die Kreisvertretung zur Ausführung jener in Vorschlag gebrachten Auslosung zu verurteilen.

Das Oberverwaltungsgericht hat zwar nicht nach diesem Antrage, aber doch im Sinne desselben dahin entschieden, daß jener ablehnende Kreistagsbeschluß aufzuheben sei, weil der Beschluß des Kreistages, daß jetzt nur die 3 im Jahre 1873 gewählten Abgeordneten auszuscheiden hätten, mit dem Gesetz nicht im Einklang stehe. Denn der § 107 der Kreisordnung von 1872 (Hannover § 63, Hessen-N. § 64, Westf. und Rheinpr. § 51) enthalte im Absatz 2 (früher Absatz 3) die positive Vorschrift, daß alle drei Jahre die Hälfte der Abgeordneten eines jeden Wahlverbandes ausscheide und durch neue ersetzt werde, so daß also jetzt 4 auszuscheiden hätten. Wenn der Absatz 1 jenes Paragraphen die Vorschrift enthält, daß die Kreistagsabgeordneten auf 6 Jahre gewählt werden, so liegt darin kein Widerspruch, weil beide Vorschriften selbständig neben einander stehen und innerlich von gleicher principieller Bedeutung sind. Um beiden Vorschriften zu genügen, erscheint die Auslosung eines Abgeordneten aus jenen 5 nicht allein als der einzig mögliche Weg, sondern auch als das gesetzlich einzig zulässige Mittel.

Nr. 32.

Endurteil vom 14. November 1877 (Entsch. Bd. III. S. 18.) Stammwerk S. 15.

Nach § 64 Abs. 2 des Zuständigkeitsgesetzes (jetzt § 113 Abs. 2 der Kreisordnungsnovelle) prüft der Kreistag die Legitimation seiner Mitglieder und beschließt darüber. Beschließt der Kreistag die Ungültigkeit der Wahl, so ist dieser Beschluß dem Beteiligten zuzufertigen, und es hat derselbe sodann nach § 64 Abs. 4 l. c. (jetzt auch § 113 Abs. 4 der Kreisordnungsnovelle) binnen 2 Wochen bei dem Bezirksverwaltungsgerichte die Klage gegen den Kreistag zu erheben. Gegen die Entscheidung des Bezirksverwaltungsgerichts ist dann noch die Berufung an das Oberverwaltungsgericht jetzt binnen 2 Wochen zulässig.

Diese Vorschriften waren in folgendem Falle nicht gehörig beobachtet: Für einen ländlichen Wahlbezirk sollte ein Kreistags-Abgeordneter gewählt werden, und es hatten sich dazu 6 Wähler eingefunden, von denen 3 einen Amtsvorsteher, 3 einen Besitzer wählten. Bei der nunmehr stattfindenden engeren Wahl beteiligten sich noch 2 später erschienene Wähler, und es fielen nun auf jeden der beiden Kandidaten je 4 Stimmen, so daß schließlich das Los durch den Wahlvorsteher gezogen werden mußte. Dasselbe entschied für den Besitzer, welcher die Wahl annahm. Bei der Prüfung dieser Wahl durch den Kreistag beschloß dieser, die Wahl zu „beanstanden", wodurch sich der Besitzer zu dem Antrage veranlaßt fand, über seine Wahl die Entscheidung des Bezirksverwaltungsgerichts herbeizuführen.

Eine förmliche Klage erhob der Antragsteller nicht, vielmehr gab der Kreistag sogleich seine Gegenerklärung zu den Akten und reichte die letztere dem Bezirksverwaltungsgericht ein. Der Kreistag behauptete in seiner Gegenerklärung, es sei schon bei der Wahlmännerwahl nicht richtig verfahren, weil das darüber aufgenommene Protokoll sich weder über den Hergang der Wahl, noch über die gewählten Kandidaten äußere, auch seien beide Wahlmänner in einem Wahlgange gewählt. Ebenso sei bei der Kreistagsabgeordnetenwahl selbst insofern unrichtig verfahren, als, nachdem die beiden Kandidaten gleich viel Stimmen erhalten hätten, zunächst noch zu einer engeren Wahl unter Zulassung neuer Wähler geschritten sei, anstatt — unter Ausschluß der letzteren — alsbald das Los entscheiden zu lassen.

Demgemäß wurde beantragt, die Klage zurückzuweisen.

Letzteres geschah jedoch nicht, vielmehr erachteten sowohl das Bezirksverwaltungsgericht, als das Oberverwaltungsgericht die Wahl des Besitzers für gültig.

In den Gründen dieser Entscheidung sind folgende merkenswerte Grundsätze ausgesprochen:

1) Der Kreistag konnte die Wahl nicht „beanstanden" (§ 113 der Kreisordnung), sondern nur für ungültig erklären, und er hatte sodann in der Weise zu verfahren, wie im Eingange gesagt wurde. Wenn dies im vorliegenden Falle nicht strikte geschehen ist, so konnte doch darüber hinweggegangen werden, weil über die Absicht des Kreistages, die Ungültigkeit der Wahl auszusprechen, kein Zweifel obwalten konnte, weil der Beteiligte hiervon Kenntnis erhalten und selbst die Entscheidung des Bezirksverwaltungsgerichts angerufen hatte. Hiernach konnte darüber hinweggegangen werden, daß eine förmliche Klage nicht vorlag, auch mußte angenommen werden, daß die Frist gewahrt war.

2) Ebenso konnte über die bei der Wahlmännerwahl vorgekommenen Mängel hinweggegangen werden, weil die vorgelegte Wahlverhandlung und die Wählerliste keinen Zweifel darüber ließen, daß es die Absicht der stimmberechtigten Wähler der Gemeinde gewesen war, die beiden Wahlmänner zu wählen, zumal dieselben die Stimmen sämtlicher erschienenen Wähler erhalten hatten und weil gegen die Wahl auch keinerlei Protest erhoben war.

3) Bei der engeren Wahl können auch Wähler zugelassen werden, welche sich bei der ersten Abstimmung nicht beteiligt hatten. Dies ergiebt sich daraus, daß keine Vorschrift besteht, welche ein solches Verfahren verbietet. (Vergl. das Wahlreglement und die Entscheidung des Oberverwaltungsgerichts vom 2. Mai 1876 — Entsch. Bd. I. S. 13 — Art. 12 Nr. 8 und 13 der ministeriellen Instruktion vom 10. März 1873 — Ministerialblatt der inneren Verwaltung S. 121 — §§ 11 und 22 des Reglements zur Verordnung vom 30. Mai 1849 über die Wahlen zum Hause der Abgeordneten vom 23. September 1867 [Min.-Bl. der inneren Verwaltung S. 289].)

Nr. 33.

Endurteil vom 10. November 1877 (Entsch. Bd. III. S. 16). Stammwerk S. 14.

Bei einer Wahl eines Mitgliedes zum Kreistage wurden 11 Stimmen abgegeben; ein Kandidat erhielt 6, ein anderer 5 Stimmen, so daß also der erstere als gewählt erschien. Bei der Prüfung der Legitimation des Neugewählten durch den Kreistag stellte sich indessen heraus, daß ihm die Bedingungen zur Wählbarkeit fehlten, und es war eine Neuwahl anzuordnen. Dieser Ansicht war jedoch der Landrat nicht, derselbe verlangte vielmehr, daß der Kreistag nunmehr den anderen Kandidaten, welcher nur 5 Stimmen erhalten hatte, für gewählt erachten solle. Hierauf wollte sich der Kreistag nicht einlassen, vielmehr lehnte er den Antrag des Landrats ab. Diesen Beschluß focht der Landrat nach § 69 des Zuständigkeitsgesetzes (jetzt Beanstandung nach § 78 der Kreisordnungsnovelle) mittelst Klage bei dem Bezirksverwaltungsgerichte an und beantragte, denselben aufzuheben und den Kandidaten der Minorität für gewählt zu erachten.

Die Klage wurde in höchster Instanz für ungerechfertigt erachtet und dabei Folgendes ausgeführt:

Zwar sei der Landrat befugt, die Klage nach § 69 l. c. auch gegen ablehnende Beschlüsse des Kreistages (nicht bloß wegen Unterlassung eines Beschlusses) anzustellen (jetzt nur noch Beanstandung), dagegen sei in der Sache selbst dem Kreistage beizupflichten, denn nach § 64 Abs. 2 des Zuständigkeitsgesetzes (jetzt § 113 der Kreisordnungsnovelle) habe der Kreistag die Legitimation seiner Mitglieder zu prüfen und darüber zu beschließen. Unter „Mitglieder" des Kreistages könnten aber nur Diejenigen verstanden werden, welche bis zur Prüfung ihrer Legitimation als einstweilen berechtigt zu Sitz und Stimme im

Kreistage anzusehen seien. (Dies trifft nicht mehr zu, seitdem der Landrat die qu. Beschlüsse „mit aufschiebender Wirkung beanstandet.)

Die Einberufung des bei der Wahl in der Minorität verbliebenen Kandidaten ist ohne Neuwahl gesetzlich nicht zulässig. Wegen der früheren „Klage" und jetzigen „Beanstandung" vergl. oben Nr. 6.

Nr. 34.

Endurteil vom 13. November 1877 (Entsch. Bd. III. S. 6).

Die Frage, ob ein einzelnes Kreistagsmitglied als solches zur Klage gegen den die Legitimation eines anderen Mitgliedes betreffenden Beschluß des Kreistages berechtigt sei, ist im Hinblick auf § 64 des Zust.-Ges. von 1876 (§ 113 der Kreisordnungsnovelle und §§ 23, 24 der Provinzialordnung) zu verneinen.

Nr. 35.

Endurteil vom 7. April 1879 (Entsch. Bd. V. S. 21). Stammwerk S. 19. 20.

Die Kreisversammlung (der Kreistag) besteht, je nach der Größe der Einwohnerzahl, aus einer bestimmten Anzahl von Mitgliedern.

Zum Zweck der Wahl werden drei Wahlverbände gebildet und zwar:

a) Der Wahlverband der größeren ländlichen Grundbesitzer, welche ein gewisses Quantum von Grund- und Gebäudesteuern zahlen,
b) der Wahlverband der Landgemeinden und der nicht zur Klasse a) gehörenden Besitzer,
c) der Wahlverband der Städte.

Die Verteilung der Kreistagsabgeordneten erfolgt in der Weise, daß zuerst das Zahlenverhältnis der städtischen Bevölkerung zur ländlichen ermittelt wird. Nach diesem Verhältnis sind die Städte im Kreistage vertreten, jedoch darf die Zahl der städtischen Abgeordneten nicht mehr als die Hälfte, in Kreisen mit nur einer Stadt nicht mehr als ein Drittel betragen. Von den übrig bleibenden Abgeordneten wählen die beiden anderen Wahlverbände ein jeder die Hälfte.

Die Mitglieder des großen Grundbesitzes wählen ihre Abgeordneten in gemeinsamer Versammlung.

Für den Wahlverband der Landgemeinden werden Wahlbezirke gebildet, von welchen jeder Abgeordnete wählt.

Die Zahl der von den Städten in den Kreistag zu wählenden Abgeordneten wird auf dieselben nach der Seelenzahl verteilt.

Die Wahlen finden nach Maßgabe des der Kreisordnung angehängten Wahlreglements alle drei Jahre statt, die Abgeordneten werden auf sechs Jahre gewählt, alle drei Jahre scheidet die Hälfte aus.

Jedesmal vor der alle drei Jahre stattfindenden Wahl werden die Verzeichnisse der Wahlberechtigten aufgestellt und zwar:

1. Für den Wahlverband der größeren Grundbesitzer unter Angabe der Merkmale (Größe des Grundbesitzes),
2. für den Wahlverband der Landgemeinden ein Verzeichnis der selbständigen Gutsbezirke u. s. w. unter Angabe der Merkmale,
3. für denselben Wahlverband ein Verzeichnis der Landgemeinden unter Angabe der Zahl der zu wählenden Wahlmänner.

Für die Städte wird ein solches Verzeichnis nicht aufgestellt.

Diese Verzeichnisse unterliegen einem besonderen Berichtigungsverfahren auf Antrag.

Sind diese Anträge binnen einer bestimmten Frist nicht gestellt oder erledigt, so gelten die Verzeichnisse als festgestellt.

Ebenso erfolgt auf den Vorschlag des Kreisausschusses durch den Kreistag die Verteilung der Kreistagsabgeordneten auf die einzelnen Wahlverbände, die Bildung der Wahlbezirke für die Landgemeinden u. s. w. und die Verteilung der Abgeordneten auf die einzelnen Städte u. s. w. Auch diese Verteilung wird publiziert und es findet binnen einer bestimmten Frist ein Berichtigungsverfahren statt.

Während die Verzeichnisse der Wahlberechtigten jedesmal vor der Wahl neu aufgestellt werden, also immer nur drei Jahre maßgebend bleiben, gilt der Verteilungsplan nur das erste Mal drei Jahre, sodann aber ist er für zwölf Jahre maßgebend.

Nach Ablauf des **letzten** Zeitraumes wird die Verteilung der Abgeordneten durch den Kreisausschuß einer Revision unterworfen und der Beschluß des Kreistages über etwaige Änderungen eingeholt. In der Zwischenzeit finden Revisionen nur unter den im Gesetz besonders bezeichneten Umständen statt.

Gegen das **Wahlverfahren** können Einsprüche erhoben werden, über welche zuerst durch Beschluß des Kreistages, sodann event. im Verwaltungsstreitverfahren entschieden wird.

Im **Übrigen** prüft der Kreistag die Legitimation seiner Mitglieder von Amtswegen und beschließt darüber.

Es kann nun die Frage entstehen, wie weit sich diese Prüfungsbefugnis erstreckt, und diese Frage gelangte nach einer bestimmten Richtung hin in dem oben allegierten Erkenntnisse des Königlichen Oberverwaltungsgerichts zur Entscheidung. Der Fall war folgender:

In dem Kreise A. sollte in Gemäßheit des § 108 der Kreisordnung eine Wahl zur regelmäßigen Ergänzung des Kreistages stattfinden. Von den beiden im Kreise belegenen Städten A. und Q. hatte die erstere bisher sieben, die andere acht Abgeordnete in den Kreistag entsandt. Da das Landratsamt aus einer ihm im Frühjahr 1876 aus dem statistischen Bureau zugegangenen Mitteilung ersah, daß A. mehr Einwohner hatte als Q., so wurde eine Revision der Verteilung der Abgeordneten vorgenommen (§ 112 der Kreisordnung) und in Folge dessen von dem Kreisausschuß der Vorschlag gemacht, die beiden Städte ihre Rollen wechseln zu lassen, so daß A. in Zukunft acht, Q. dagegen nur sieben Abgeordnete stellen sollte. Diesen Vorschlag erhob der Kreistagsausschuß am 7. September 1876 zum Beschluß, welcher am 9. und 10. September zur öffentlichen Kenntnis gebracht wurde. Gegen diesen Beschluß würde nach dem § 111 (im letzten Absatz) der Kreisordnung und nach § 63 des Zuständigkeitsgesetzes vom 26. Juli 1876 (jetzt sind § 110 Abs. 2 und § 112 a der Kreisordnungsnovelle maßgebend) die Beschwerde zulässig gewesen sein und zwar binnen vier Wochen. Diese Frist würde also nach der damals geltenden Gesetzgebung erst mit dem 23. August abgelaufen sein. Noch vor Eintritt dieses Zeitpunktes entstand für die Stadt Q. die Veranlassung zur Erhebung einer Klage, denn schon am 28. September wurde amtlich bekannt gemacht, daß sich die erste Nachricht aus dem statistischen Bureau als irrtümlich herausgestellt habe und daß Q. sogar fünfzehn Einwohner mehr hatte als A., die Klage wurde jedoch nicht angebracht und nun wählte A. seine acht Abgeordneten, unter anderen auch einen Kaufmann S. Als es demnächst in Gemäßheit des § 64 des Zuständigkeitsgesetzes (jetzt § 113 der Kreisordnungsnovelle) zur Prüfung der Wahlen kam, beschloß der Kreistag, die Wahl des S. als zu Recht bestehend nicht anzusehen, weil, wenn auch Mängel des Wahlverfahrens nicht vorlägen, so doch der Kreistagsbeschluß vom 7. September auf unrichtiger Urkunde beruhe und deshalb nichtig sei. Die gegen diesen Beschluß seitens des S. und der Stadt A. angebrachte Klage wurde in beiden Instanzen für begründet erachtet. Das Oberverwaltungsgericht führte dabei aus:

Der Kreistag sei nicht berechtigt, bei Prüfung der Legitimation seiner Mitglieder auch noch die dem eigentlichen Wahlverfahren vorangehenden, dasselbe vorbereitenden Akte, insbesondere die Verteilung der städtischen Kreistagsabgeordneten auf die einzelnen Städte, nachdem einmal diese Akte bereits früher zu formell korrektem Abschlusse gelangt sind, in sachlicher Beziehung zu prüfen und darüber Beschluß zu fassen.

Nr. 36.

Endurteil des II. Senats vom 11. November 1880 (Entscheid. Band VII. Seite 54). Stammwerk S. 20.

In einer Dorfgemeinde sollten zwei Wahlmänner zur Wahl eines Kreistagsabgeordneten gewählt werden. Ein Wahlberechtigter brachte dazu Vollmachten von vier unverheirateten Besitzerinnen mit (§ 97 Nr. 4 der Kreis-O., Hannover § 53, Hessen-N. § 54, Westfalen und Rheinprovinz § 45), wurde aber, als er die erste davon vorzeigte, aus einem (wie sich später herausstellte) nichtigen Grunde damit zurückgewiesen, wodurch er sich veranlaßt sah, die drei andern Vollmachten, welche an demselben angeblichen Mangel litten, wie die erste, gar nicht vorzuzeigen oder wenigstens einen Versuch zu machen, auf Grund derselben Stimmen abzugeben. Die qu. vier Stimmen fielen also vollständig aus, und es wurden dann statt 24 nur 20 abgegeben, von denen dann zwei Wahlmänner je 12 erhielten. Als nun später unter Mitwirkung dieser beiden Wahlmänner ein Kreistagsabgeordneter gewählt wurde, erklärte der Kreistag (§ 113 Abs. 2 a. a. O., Hannover § 70, Hessen-N. § 71, Westfalen u. Rheinprovinz § 58) sowohl die Wahl der beiden Wahlmänner, als auch in Folge dessen die Wahl des Kreistagsabgeordneten wegen der mangelnden absoluten Majorität und deshalb für ungültig, weil die vorgezeigte Vollmacht und folglich auch die nicht vorgezeigten drei anderen zu Unrecht zurückgewiesen seien. Auf Klage der beiden Wahlmänner entschied das Oberverwaltungsgericht:

a. daß das hier in Bezug auf die eigene Wahl der Kläger, nicht auch auf die des Kreistagsabgeordneten, in Anspruch genommene Klagerecht, dieser Beschränkung ungeachtet, begründet sei, weil der Kreistag auch über ihre Wahl Beschluß gefaßt habe und weil ein von der Gültigkeit oder Ungültigkeit jener anderen Wahl unabhängiger Anspruch auf verwaltungsrichterlichen Schutz eines ihnen streitig gemachten Individualrechts sich um so weniger versagen lasse, als die Kläger durch ihre Wahl keineswegs etwa ausschließlich zur Mitwirkung bei der später auf den bestimmten Abgeordneten gefallenen Wahl berufen und berechtigt worden seien.

b. daß das Wahlergebnis dadurch nicht berührt werde, wenn der Inhaber mehrerer Vertretungsvollmachten, nachdem er mit einer derselben zurückgewiesen, es unterlasse, die übrigen, nur demselben Zurückweisungsgrunde unterliegenden Vollmachten vorzulegen, zumal wenn die eine vorgelegte Vollmacht, wenn der Wahlvorsteher dieselbe nicht zurückgewiesen hätte, eine absolute Majorität doch nicht hätte bewirken können. Über die gar nicht einmal vorgelegten Vollmachten läßt sich überhaupt nicht diskutieren.

Nr. 37.

Endurteil vom 23. Januar 1878 (Entsch. Bd. III. S. 60.) Stammwerk S. 17.

Nach dem letzten Absatze des § 104 der Kreis-Ordnung von 1872 (Hannover § 60, Hessen-N. § 61, Westf. und Rheinpr. § 48) sollen die Wahlmänner der vereinigten Städtewahlbezirke unter Leitung des Landrats an dem von dem Kreisausschusse zu bestimmenden Wahlorte zur Wahl der Abgeordneten zusammentreten. Hierbei darf sich der Landrat — bei Vermeidung der Ungültigkeit der Wahl — durch andere, als diejenigen Personen, welche gesetzlich zur Vertretung des Landrats als solche in Behinderungsfällen berufen sind, nicht vertreten lassen; auch nicht durch einen sonst qualifizierten Bürgermeister, wenn dieser nicht etwa Kreisdeputierter ist. Die gegen diese Auffassung nach dem früheren Wortlaute des § 2 des Wahlreglements möglichen Zweifel sind jetzt durch die neuere Fassung beseitigt.

Nr. 38.

Endurteil vom 28. November 1877 (Entsch. Bd. III. S. 21.) Stammwerk S. 16.

Nach § 106 Nr. 2 der Kreis-Ordnung von 1872 (Hannover § 62, Hessen-N. § 63, Westf. und Rheinpr. § 50) ist in den Wahlverbänden der größeren Grundbesitzer, sowie der Landgemeinden ein Jeder zum Mitgliede des Kreistages wählbar, welcher in einer Versammlung dieser Verbände ein Wahlrecht ausübt und seit einem Jahre in diesem Kreise einen Wohnsitz hat. Diese Bestimmung bezieht sich auch auf die im § 97 a. a. O. (bezw. 53, 54 und 45) zugelassenen Vertreter, welche als solche ein Wahlrecht ausüben. Sind die von diesen Vertretern beigebrachten Vollmachten auf die Wahrnehmung der Rechte im Wahltermine beschränkt, so ist damit noch nicht die Befugnis für den Vertreter ausgesprochen, auch künftig die Rechte des Vertretenen im Kreistage wahrzunehmen. Dazu würde es dann noch einer besonderen Vollmacht bedürfen.

Nr. 39.

Endurteil des II. Senats vom 25. März 1886 (Entsch. Bd. XIII. S. 30).

1. Diese Entscheidung enthält Erläuterungen zu den §§ 52, 53, 60, 70, 91, 93, 106 und 108 der hannoverschen Kreisordnung vom 6. Mai 1884 (G.-S. S. 181). Damit korrespondieren die §§ 96, 97, 104, 113, 134, 137, 178 und 180 der altländischen Kreisordnungsnovelle vom 19. März 1881, die §§ 53, 54, 61, 71, 92, 94, 107, 109 der hessen-nassauischen Kreisordnung und die §§ 44, 45. 58, 79, 81, 94 und 96 der beiden Kreisordnungen für Westfalen und die Rheinprovinz, so daß die nachfolgenden Rechtsgrundsätze, sofern der Wortlaut der Gesetze übereinstimmt, auch auf alle übrigen Kreisordnungen Anwendung finden.

2. Der Kreistag ist zu einer dem Gesetze entsprechenden Thätigkeit überhaupt nur dann befähigt, wenn seine Mitglieder unter Beobachtung der für ihre Abordnung in die Kreisversammlung bestehenden Vorschriften erwählt worden sind, er hat mithin das allerdringendste und nächstliegende Interesse, sich vorab darüber Gewißheit zu verschaffen, daß er in legaler Weise zusammengesetzt ist.

3. Die Wahlverhandlungen bilden die Quelle seiner eigenen Existenz; ohne ordnungsmäßige Abwickelung derselben mangelt es an der ersten und unerläßlichsten Vorbedingung für ein gesetzmäßiges Funktionieren.

4. Die Legitimation der Mitglieder des Kreistages ist nicht bloß ein erst auf Anrufen beteiligter Wähler aktuell werdendes Recht, sondern eine ganz unabhängig davon bestehende Pflicht des Kreistages. (§ 70 Abs. 2. der hannoverschen Kreisordnung.

5. Auf Grund des § 106 a. a. O. können die Wahlen der Kreisausschußmitglieder seitens des Landrates „beanstandet" werden, was seitens des Kreistages selbst nicht zulässig ist. (Vergl. Stammwerk S. 15 Nr. 5 1.)

6. Aus obigen Gründen ist der Kreistag im Streitverfahren über die Gültigkeit der Wahlen seiner Mitglieder die Hauptpartei, ohne seine Zuziehung kann gar nicht entschieden werden (§ 70 Abs. 4 der hannoverschen Kreisordnung.) Zur Wahrnehmung seiner Gerechtsame als Partei in dem Streitverfahren ist der Kreistag nicht auf die für die Regel zur Ausführung seiner Beschlüsse oder zur Vertretung des Kreises nach Außen (§§ 91, 93 a. a. O.) berufenen Organe beschränkt, sondern durch § 70 a. a. O. ermächtigt, einen besonderen Vertreter zu bestellen.

7. Ehefrauen können sich nach § 53 Nr. 7 a. a. O. bei den Kreistagswahlen nur durch ihre Ehemänner vertreten lassen. Jede Wahl ist ungültig, bei welcher ein anderer Vertreter mitgewirkt hat. Die Frage, wer zur Teilnahme an dem Wahlakte selbst persönlich oder durch einen Stellvertreter berechtigt ist, hat in den §§ 52, 53 a. a. O. eine selbständige und erschöpfende Regelung gefunden. Danach sind auch Witwen nur wahlberechtigt, wenn sie an dem Tage der Wahl Angehörige des Deutschen Reiches sind. War dies nicht der Fall, so ist die Wahl (sofern es dabei auf die betreffende Stimme ankommt) ungültig, selbst wenn sich der Name der Witwe in dem — unbeanstandet gebliebenen Verzeichnisse der zum Wahlverbande der größeren Grundbesitzer gehörigen Besitzer vorfindet.

8. Handelt es sich um Feststellung des Kreises der Wahlberechtigten, so sind lediglich die Merkmale des § 42 a. a. O. entscheidend.

9. Gegenüber der Vorschrift des Gesetzes, daß die Abstimmung eine geheime ist und mittels uneröffneter Stimmzettel zu erfolgen hat, ist demnächst ausschließlich der Inhalt letzterer entscheidend, und jede Ermittelung über die Autorschaft der einzelnen Zettel als mit dem Wesen der geheimen Abstimmung unvereinbar ausgeschlossen, so daß es nicht angeht, das Resultat der Abstimmung von dem Ergebnisse einer Ermittelung darüber abhängig zu machen, wie der Einzelne gestimmt hat.

10. Wegen der Vertretung der Eltern durch ihre Söhne bei den Kreistagswahlen (§ 97 der altländischen Kreisordnung) vergl. das Stammwerk S. 18 in Nr. 2 oben.

Nr. 40.

Endurteil des II. Senats vom 25. Januar 1887 (Entsch. Bd. XIV. S. 41 in der Anm.)

1. In Fällen, wo der Kreistag von Amtswegen eine Wahl für ungültig erklärt, ist eine vorgängige Anhörung des Beteiligten nicht geboten, es kann daher aus einer Verletzung der Vorschrift in § 113 der Kreisordnung (Hannover § 70, Hessen-N. § 71, Westf. und Rheinpr. § 58), wonach über den Einspruch die Beteiligten vorab zu hören sind, niemals die Folgerung abgeleitet werden, daß der betreffende Kreistagsbeschluß im Verwaltungsstreitverfahren aufzuheben sei.

2. Bei begründeten Beschwerden über das Verfahren bei den Wahlen hat der Verwaltungsrichter den bezüglichen Beschluß des Kreistages nicht allein aufzuheben, sondern er muß die Wahl auch für ungültig erklären.

3. Gründe braucht der Kreistag seinem Beschlusse nicht beizufügen.

B. Kreisabgaben.

(Einzuschalten auf S. 68 des Stammwerkes.)

Nr. 74.

Endurteil vom 23. Mai 1876 (Entsch. Band I S. 19). Vergl. das Stammwerk S. 26.

Im Übrigen ist in diesem Erkenntnisse das Verfahren bei Reklamationen gegen die Heranziehung oder Veranlagung zu den Kreisabgaben in den vor dem 1. Oktober 1876 anhängig gemachten Sachen dargestellt. (§ 19 der Kr.-O. in der alten Fassung von 1872.) Derselbe wurde abgeändert durch § 65 des Zuständigkeitsgesetzes und regelt sich jetzt wieder nach § 19 der Kreisordnung, aber in der Fassung der Novelle vom 19. März 1881. Die unterscheidenden Merkmale in dem letzteren sind: Der Beschluß des Kreistages auf die binnen zwei Monaten anzubringenden Beschwerden und Einsprüche, die gegen diesen Beschluß binnen zwei Wochen bei dem Bezirks-Verwaltungsgerichte anzubringende Klage, die Ausschließung des Rechtsweges auch in den Fällen des § 79 Tit. 14 Tl. II. A. L.-R. und §§ 9, 10 des Gesetzes vom 24. Mai 1861 (G.-S. S. 241) und die nicht aufschiebende Wirkung der Beschwerden und Einsprüche.

Dasselbe Erkenntnis, sowie die vom 25. Juni 1876 (Entsch. I. S. 57) und vom 18. Oktober 1876 (Entsch. I. S. 76) handeln von der Anwendbarkeit des Gesetzes vom 18. Juni 1840 (G.-S. S. 140) (vergl. Gesetz vom 12. April 1882 — Ges.-S. S. 297 —) auf Beschwerden wegen der Kreisabgaben-Veranlagung. Die Beschwerden wegen Überbürdung mußten damals binnen drei Monaten vom Tage der Bekanntmachung der Heberolle resp. der Benachrichtigung vom Betrage der Steuer zur nochmaligen Prüfung und Entscheidung angebracht werden, jetzt beträgt diese Reklamationsfrist nur zwei Monate.

Nr. 75.

Endurteile vom 9. Dezember 1876 (Entsch. Band I. S. 87), vom 3. November 1877 (Entsch. Band III. S. 11) und vom 4. November 1878 (Entsch. Band IV. S. 63). Vergl. Stammwerk S. 32, 38 und 47.

Die Klage im Verwaltungsstreitverfahren zur Erörterung und Feststellung der Kreisabgabenpflichtigkeit im Prinzip (in abstracto) ist unzulässig. Es muß aber in dieser Beziehung der wörtliche Inhalt der Klageanträge in jedem einzelnen Falle sorgfältig geprüft werden, namentlich darauf hin, ob der Reklamant nicht gegen eine einzelne Jahresleistung hat Einspruch erheben wollen. Ein Erkennen über die Grundsätze der Veranlagung ist unzulässig. Die Klage hat den Zweck, die Beseitigung des den Einspruch oder die Beschwerde zurückweisenden Beschlusses und das zu erreichen, was mit der Reklamation erfolglos angestrebt war. Die Klage und deren Antrag sind deshalb — der Veranlassung, dem Wortsinne und dem Zusammenhange entsprechend — dahin zu verstehen, daß sie denselben Gegenstand betreffen, wie die Reklamation, und der die Reklamation betreffende Beschluß des Kreisausschusses — d. h. die bestimmte für das Steuerjahr von dem Reklamanten erforderte Kreisabgabe — erhält eine Deutung, die um so unbedenklicher erscheint, als über die Kreisabgabenpflicht im allgemeinen und abgesehen von dem einzelnen Falle der Hebung eine Entscheidung im Verwaltungsstreitverfahren überhaupt nicht stattfindet.

Nr. 76.

Endurteil vom 16. Mai 1877 (Entsch. Band II. Seite 54) und vom 19. Mai 1879 (Entsch. Band V. S. 55). Vergleiche Stammwerk S. 35 und 49.

Die Entscheidung auf Klagen wegen der Veranlagung der Kreisabgaben darf sich nicht darauf beschränken, die Grundsätze anzugeben, nach welchen das Reineinkommen des Klägers aus einem Grundbesitze zum Zwecke der Kreisbesteuerung berechnet werden soll, vielmehr muß auch die Höhe dieses Einkommens und damit der Betrag der zu zahlenden Steuer festgesetzt werden. Ein abweichendes Verfahren läßt die Möglichkeit offen, daß sich an die Ausführung der von ihm getroffenen Entscheidung ein neues Streitverfahren anknüpft und wird somit dem Klageantrage, wie solcher nicht nur zulässig, sondern auch dem Zwecke dieses Streitverfahrens allein entsprechend ist, nicht gerecht.

Nr. 77.

Endurteile vom 12. September und 18. Oktober 1876 (Entsch. Band X. S. 65 u. 77) und vom 9. Mai 1879 (Entsch. Band V. S. 129). Vergl. Stammwerk S. 29, 30 und 122.

Kreisabgabenpflichtig sind nicht die Gemeinden, sondern die Kreisangehörigen. Den Gemeinden steht nur die Unterverteilung und Einziehung der Kreissteuern zu. Insbesondere sind dabei die Landgemeinden an den von der Kreiskorporation angewandten Individual-Repartitionsmaßstab gebunden. Sind Personen, welche der Gemeinde steuerpflichtig sind, zu Unrecht oder mit einem zu hohen Betrage in Rechnung gestellt und erlangen diese auf Reklamation oder Klage Freilassung oder Minderung des Betrages, so mindert sich dem entsprechend auch das Steuersoll der Gemeinde, den Ausfall hat die letztere nicht zu tragen, derselbe trifft vielmehr die Kreiskorporation.

Nr. 78.

Endurteil vom 5. Januar 1878 (Entsch. Bd. III. S. 42). Vergl. Stammwerk S. 39, 40.

Die Anfechtung einzelner Positionen eines Kreishaushaltsetats mittels der Klage wegen Veranlagung zu den Kreisabgaben ist unzulässig. Eine solche Klage würde sich nicht als eine wegen Veranlagung zu den Kreisabgaben darstellen, vielmehr würde dieselbe gegen die Feststellung des Etats durch den Kreistag gerichtet und deshalb unstatthaft sein. Nur die Aufsichtsbehörde kann dieserhalb angerufen werden. Vergl. den Abschnitt „Anfechtungen". Fr. S. 12.

Nr. 79.

Endurteile vom 12. September 1876 (Entsch. Bd. I. S. 65), vom 19. September 1876 (Entsch. Bd. I. S. 71), vom 18. Oktober 1876 (Entsch. Bd. I. S. 77), vom 9. Dezember 1878 (Entsch. Bd. IV. S. 57), vom 17. Februar 1879 (Entsch. Bd. V. S. 5), vom 19. Mai 1879 (Entsch. Bd. V. S. 52). Vergl. Stammwerk S. 29, 30, 45, 48 und 49.

a) Wenn eine Stadt von dem ihr nach § 11 Abs. 2 zustehenden Rechte Gebrauch macht, so ist der Kreis nicht befugt, einzelne im Stadtbezirke wohnende Einwohner, Forensen oder juristische Personen, z. B. eine Eisenbahngesellschaft, hinsichtlich der im Stadtbezirke belegenen Stationen mit den auf sie entfallenden Quoten des Kreisabgabensolls unmittelbar, d. h. ohne Dazwischenkunft des betreffenden Gemeindeverbandes, zu den Kreislasten heranzuziehen.

Nach § 10 Abs. 1 der Kr.-O. darf die Verteilung der Kreisabgaben nach keinem anderen Maßstabe erfolgen, als nach dem Verhältnisse der von den

Kreisangehörigen zu entrichtenden direkten Staatssteuern und zwar nur durch Zuschläge zu denselben bezw. zu den nach §§ 14 und 15 zu ermittelnden, fingierten Steuersätzen der Forensen, juristischen Personen u. s. w., wobei jedoch dem Kreistage nach näherer Vorschrift der Abs. 2 und 3 a. a. O. eine Belastung der einzelnen Steuern mit verschiedenen Prozentsätzen vorbehalten ist. Unter Anwendung des nach den Grundsätzen des § 10 beschlossenen Verteilungsmaßstabes ist sodann das Kreisabgabensoll für die einzelnen Gemeinden und selbständigen Gutsbezirke zu berechnen.

Aus diesen Vorschriften ergiebt sich, daß der Berechnung des Kreisabgabensolls für die einzelnen Gemeinden und Gutsbezirke, soweit die Klassen- und klassifizierte Einkommensteuer in betracht kommt, zu Grunde zu legen sind:

1. alle diejenigen Steuerbeträge, welche nach Ausweis der Steuerlisten von den Einwohnern der betreffenden Gemeinde bezw. des betreffenden Gutsbezirks zu entrichten sind, jedoch mit Hinweglassung derjenigen ganzen bezw. aliquoten Steuerbeträge, welche gemäß § 10 Abs. 3, §§ 16 und 18 von der Belastung mit Kreisabgaben frei bleiben und
2. diejenigen Steuerbeträge, welche gemäß §§ 14 und 15 für die Forensen, juristischen Personen, Kommanditgesellschaften auf Aktien, Aktiengesellschaften und Berggewerkschaften fingiert zu veranlagen sind.

Unter den „Forensen" (s. diese) sind hier nur Kreisforensen zu verstehen. Daraus folgt, daß die Klassen- oder Einkommensteuer eines Zensiten in ihrem vollen Betrage bei der Berechnung des Kreisabgabensolls derjenigen Gemeinde in Ansatz zu bringen ist, in welcher er wohnt beziehungsw. zu den persönlichen Staatssteuern veranlagt ist, auch wenn er sein steuerpflichtiges Einkommen oder einen Teil desselben aus Grundbesitz bezieht, welcher in einer anderen Gemeinde desselben Kreises belegen ist.

Der § 16 der Kr.-O. könnte nur in betracht kommen, wenn es sich um kreisforensalischen Grundbesitz handelte.

Für die ländlichen Gemeinden kann aus diesem Verfahren irgend ein finanzieller Nachteil nicht entstehen, weil der Unterverteilungsmaßstab derselbe ist, wie derjenige, nach welchem die Kreisabgaben auf die einzelnen Gemeinden verteilt werden. Dagegen haben die Stadtgemeinden, welche von dem ihnen nach § 11 Abs. 2 a. a. O. zustehenden Rechte Gebrauch machen, bezw. deren Einwohner, welche außerhalb des Stadtgebietes keinen Grundbesitz haben, dadurch einen Nachteil, daß nach § 53 der Städteordnung vom 30. Mai 1853 bei den Kommunalzuschlägen zur klassifizierten Einkommensteuer und bei den besonderen Kommunaleinkommensteuern das außerhalb der Stadtgemeinde belegene Grundeigentum außer Rechnung bleiben muß. Der Kreis berechnet also das städtische Kreiskontingent nach den von den städtischen Einwohnern zu zahlenden Steuern und rechnet dazu auch die Steuern, welche die in der Stadt wohnenden und außerhalb derselben mit Grundbesitz angesessenen Einwohner zu zahlen haben, die Stadt darf aber von diesen Einwohnern diejenigen Beträge nicht wieder einziehen, welche auf den außerhalb der Stadt belegenen Grundbesitz entfallen. Das hierdurch entstehende Defizit muß die Stadt dem Kreise gegenüber decken, mithin auf Kosten derjenigen städtischen Einwohner, welche außerhalb der Stadt keinen Grundbesitz haben.

b) Wie den einzelnen Gemeinden und Gutsbezirken die gegen das Soll entstehenden Zugänge zu gute kommen, so liegt ihnen andererseits dem Kreise gegenüber auch die Deckung der Abgänge und Ausfälle ob.

c) Nach § 14 der Kreisordnung haben nicht nur juristische Personen, sondern auch Kommanditgesellschaften auf Aktien und diejenigen Aktiengesellschaften, welche nicht die Eigenschaft juristischer Personen besitzen, zu den auf das Einkommen aus Grundbesitz oder Gewerbebetrieb gelegten Kreisabgaben beizutragen, während nach § 4 Abs. 3 der Städteordnung hinsichtlich der gleichartigen Ortskommunalabgaben diese Verpflichtung nur den juristischen Personen obliegt. Demgemäß müssen die in dem Kreisabgabensoll einer Stadt, welche von dem ihr nach § 11 Abs. 2 der Kreisordnung zustehenden Rechte Gebrauch macht, mit in Anrechnung gebrachten Steuerbeträge der Kommanditgesellschaften auf Aktien und der mit der Eigenschaft juristischer Personen nicht ausgestatteten Aktiengesellschaften von den Einwohnern der Stadt und den daselbst domizilierenden Personen gleichfalls mit übertragen werden.

(NB. Dagegen hat der Minister des Innern durch Erlaß vom 3. Januar 1882 (Min.-Bl. d. i. V. S. 82) in Auslegung jenes § 4 der Städteordnung die Ansicht geäußert, daß die Kommanditisten als Forensen an den auf das Gewerbe oder auf das gewerbliche Einkommen gelegten Gemeindelasten teilzunehmen haben, obwohl dieselben in diesem § 4 nicht erwähnt sind.)

d) Der § 19 der Kr.-O. giebt nicht nur den Gemeinden und Gutsbezirken wegen Feststellung ihres Kreisabgabensolls, sondern auch den einzelnen Kreisangehörigen wegen der von ihnen geforderten Abgaben das Beschwerde-(Reklamations-)recht.

e) Es unterliegt keinem Zweifel, daß der Kreisausschuß bei der Berechnung und Ausschreibung der Kreisabgaben an die von der Kreisversammlung gefaßten Beschlüsse, insbesondere auch an die Beobachtung des festgestellten Betrages, gebunden ist. Indes folgt hieraus noch nicht, daß die berechneten und ausgeschriebenen Kreisabgaben mit dem von der Kreisvertretung bewilligten Betrage rechnungsmäßig absolut übereinstimmen müssen. Wie bei jeder Steuerverwaltung läßt es sich auch bei der Ausschreibung der Kreisabgaben nicht vermeiden, daß das etatsmäßige Einnahmesoll entweder überschritten oder nicht erreicht wird, ohne daß in solchen Abweichungen irgendwie eine Beeinträchtigung des Abgabenbewilligungsrechts erblickt werden kann. Ist durch ein Versehen des Kreisausschusses das vom Kreistage beschlossene Kreisabgabensoll in unzulässiger Weise überschritten, so mag für den Kreistag oder die Aufsichtsbehörde ein genügender Anlaß gegeben sein, den Maßnahmen des Kreisausschusses entgegenzutreten. Keinesfalls aber kann der einzelne Kreisabgabenpflichtige oder die einzelne Gemeinde aus der Überschreitung des gesamten Kreisabgabensolls ein Recht ableiten, sich der Abgabenpflicht zu entziehen.

Dieser Grundsatz gelangte zur Anwendung, als ein Kreisausschuß, nachdem das Kreisabgabensoll in einer bestimmten Summe bereits ausgeschrieben war, einer zum Kreise gehörenden Stadt gegenüber eine Nachforderung für eine übersehene Eisenbahnstation, welche im Stadtbezirke lag, geltend machte. Eine solche Nachforderung wurde für zulässig erachtet, zumal eine Benachteiligung der übrigen Gemeinden- und Kreisabgabenpflichtigen (Verschiebung des Prozentsatzes, mit welchem die Einkommensteuer zu den Kreisabgaben herangezogen worden) dabei nicht zu erblicken sei.

f) Nur in dem Falle, wenn eine Stadt von dem ihr nach § 11 Abs. 2 der Kr.-O. zustehenden Rechte Gebrauch macht, ist eine direkte Heranziehung der städtischen Einwohner zu den Kreisabgaben für überhaupt unzulässig zu erachten; die unmittelbar — ohne Dazwischenkunft des betreffenden Gemeindeverbandes (Gutsbezirks) — erfolgte Heranziehung der Kreisabgabenpflichtigen in den ländlichen Ortschaften hat keine rechtlichen Folgen. Formell ist ein solches Verfahren zwar nicht richtig, aber materiell unschädlich und jedenfalls kann daraus nicht gefolgert werden, daß der so Herangezogene deshalb für kreisabgabenfrei erklärt werden müsse.

g) Ebenso verhält es sich mit der unmittelbaren Heranziehung der Forensen. Nur in dem Falle der Veränderung der Besitzverhältnisse der Forensen könnten Zweifel entstehen, welche durch ein regelmäßiges Verfahren vermieden werden.

Nr. 80.

Endurteil vom 5. Februar 1880 (Entsch. Bd. VI. S. 51). Vergl. Stammwerk S. 53.

Das im Laufe des Jahres erfolgende Ausscheiden aus dem Verbande der Kreisangehörigen übt auf die Beitragspflicht nicht unbedingt einen Einfluß aus. Diese Thatsache berührt das Besteuerungsrecht des Kreises überhaupt nicht. Es kann dahingestellt bleiben, inwieweit für den Betreffenden aus jener Thatsache entweder an sich oder mit Rücksicht auf das Gesetz vom 11. Juli 1822 (G.=S. S. 184) ein Anspruch auf Erstattung eines verhältnismäßigen Anteils von dem Jahresbetrage der Kreissteuer herzuleiten sein möchte. Sollte nicht schon um deswillen ein derartiger Anspruch ausgeschlossen sein, weil die Pflicht zur Entrichtung der Kreisabgaben sich lediglich nach den Fälligkeitsterminen (s. oben Nr. 14) in der Weise bestimmt, daß eine Rückforderung der fällig gewesenen Beiträge überall nicht stattfindet, so würde der Anspruch doch nicht gegen den Kreis, sondern nur gegen die betreffende Gemeinde gerichtet werden können, weil die Gemeinde für das ihr auferlegte Kreiskontingent aufkommen muß.

Nr. 81.

Endurteil vom 18. Oktober 1876 (Entsch. Bd. I. S. 78). Vergl. Stammwerk S. 30, 31.

Jemand, der zu den im Kreise nicht angesessenen servisberechtigten Militärpersonen des aktiven Dienststandes gehört und zur Zeit des Erlasses des Steuerausschreibens in diesem Kreise keinen Wohnsitz gehabt hat, ist nach §§ 6 und 9 der Kr.=O. von Beiträgen zu den Kreisabgaben befreit.

Nr. 82.

Endurteil vom 10. Februar 1877 (Entsch. Bd. II. S. 38). Vergl. Stammwerk S. 34.

Es kann dahingestellt bleiben, ob der § 36 des Einkommensteuergesetzes vom 1. Mai 1851, welcher die Ansprüche auf Ermäßigung der veranlagten Einkommensteuer im Falle der Verminderung des Einkommens betrifft, gemäß § 15 der Kr.=O. auf Kreisabgaben überhaupt Anwendung findet. Wollte man dies aber annehmen, so müßte doch nachgewiesen werden, daß nicht nur das Jahreseinkommen eine Verminderung erlitten hat, sondern daß die Quellen selbst, aus welchen das Jahreseinkommen fließt, verloren gegangen sind, auch im Laufe des Jahres, sofern durch jene Verluste das veranschlagte Gesamteinkommen des Steuerpflichtigen um mehr als den vierten Teil vermindert worden ist. Nur dann könnte unter der obigen Voraussetzung eine verhältnismäßige Ermäßigung der veranlagten Steuer gefordert werden. Einzelne Einnahmequellen in diesem Sinne sind für die Zinsen aus Kapitalvermögen die einzelnen zinsbar angelegten Kapitalbeträge, für die Erträge aus Grund- und Bergwerkseigentum die Grundstücke oder Bergwerke, aus welchen die Erträge genommen werden.

Ferner müßte aber auch der Verlust einzelner Einnahmequellen im Laufe des Veranlagungsjahres bei der Einschätzungsbehörde ausdrücklich beantragt werden, auch würde danach die Ermäßigung event. erst von dem Monate ab eintreten, welcher auf denjenigen folgt, in welchem der Antrag gestellt worden ist. Nach Ablauf des Jahres, für welches die Veranlagung erfolgt ist, dürften derartige Anträge überhaupt nicht mehr berücksichtigt werden.

Nr. 83.

Endurteil des II. Senats vom 20. November 1879 (Entsch. Bd. VI. S. 5.) Vergl. Stammwerk S. 51.

Wenn jemand, der im Kreise A. wohnt, ein Gesamteinkommen von 45,000 Mk. hat und von seinen Gütern in den Kreisen B. und C. zusammen 45,000 Mk. bezieht, so fließt ihm aus dem Kreise A. ⅙, aus den Kreisen B. und C. ⅚ seines Einkommens zu. Ist nun sein Gesamtkreissteuersatz auf 1440 Mk. festgesetzt, so müssen hiervon für A. gleichfalls ⅚ = 1200 Mk. abgesetzt werden, und es bleiben noch 240 Mk. als derjenige Betrag der Gesamtsteuer, welche der Kreisbesteuerung im Domizilkreise unterliegen. Vergl. jedoch hierzu das Gesetz vom 27. Juli 1885 (G.-S. S. 327).

Nr. 84.

Endurteil des II. Senats vom 19. Mai 1879 (Entsch. Bd. V. S. 52.) Vergl. Stammwerk S. 49, 50.

Wenn ein Kreis einen Forensen unmittelbar, d. h. ohne Dazwischenkunft des betreffenden Gemeindeverbandes (Gutsbezirks), zu den Kreislasten herangezogen hat, so kann ein solches Verfahren unter Umständen doch von Bedeutung sein: Angenommen, der Kreis hätte die nach dem Einkommen des Forensen aus seinem Grundbesitze berechneten Abgaben dem Kreisabgabensoll der betreffenden Gemeinde oder des Gutsbezirks zugesetzt und vom letzteren erfordert, so würde, da Zu- und Abgänge im Laufe des Steuerjahres nicht berücksichtigt werden, der Gemeinde-(Guts-)bezirk, auch wenn der Forense inzwischen aufgehört hätte, ein solcher zu sein, das Kreisabgabensoll im ganzen — also einschließlich des nach dem Einkommen des Forensen bemessenen Kreisabgabenbetrages — haben ausführen müssen. Wendet sich aber der Kreis unmittelbar an den Forensen, so kommt in Frage, ob dieser zur Zeit der Ausschreibung der Kreisabgaben noch Forense, mithin noch kreisabgabenpflichtig war.

Nr. 85.

Endurteil vom 11. November 1876 (Entsch. Bd. I. S. 81.) Vergl. Stammwerk S. 30, 31.

Das aus Grundbesitz fließende Einkommen juristischer Personen, insoweit dasselbe stiftungmäßig zu öffentlichen, milden Zwecken bestimmt ist (zu milden Stiftungen), ist deshalb doch kreisabgabenpflichtig. Das Gesetz unterscheidet nicht zwischen solchen juristischen Personen, deren Einkommen öffentlichen Zwecken und solchen, deren Einkommen Privatzwecken dient. Aus der Entstehungsgeschichte des § 14 der Kreisordnung ergiebt sich, daß man den milden Stiftungen die Kreisabgabenfreiheit nicht zugestehen wollte. Auch daß Kirchen und Schulen von ihrem Einkommen aus Grundbesitz zu den Kreisabgaben beizutragen haben, ist bei den Verhandlungen im Herrenhause ausdrücklich anerkannt. Ebenso ist das Einkommen der juristischen Personen (mit Ausnahme des Fiskus) aus Grundbesitz und Gewerbebetrieb ohne Unterschied der Zweckbestimmung der Kreisbesteuerung unterworfen.

Nr. 86.

Endurteil des II. Senats vom 2. Dezember 1880 (Entsch. Bd. VII. S. 86.) Vergl. Stammwerk S. 57, 58.

Eine juristische Person darf das ihr aus einer von mehreren Einnahmequellen (Grundstücken) erwachsende Defizit von dem Gesamtertrage der übrigen nicht abrechnen. Dies ist so zu verstehen: Nach § 11 (10 und 14) der Kr.-O.

werden nicht allein die Kreisabgaben der Kreisangehörigen, sondern auch die der Forensen, juristischen Personen u. s. w. für die einzelnen Gemeinden und Gutsbezirke im ganzen berechnet und diesen zur Unterverteilung auf die einzelnen Steuerpflichtigen nach demselben Maßstabe zur Einziehung sowie zur Abführung im ganzen an die Kreiskommunalkasse überwiesen. Hieraus folgt, daß bei der Einschätzung eines Forensen, einer juristischen Person u. s. w. das Einkommen, welches derselbe (dieselbe) aus in verschiedenen Gemeinden u. s. w. belegenen Besitzungen bezieht, für jede Gemeinde u. s. w. besonders zu veranlagen ist, und daraus ergiebt sich dann weiter, daß bei Berechnung des Reinertrages für das in der einen Gemeinde belegene Besitztum nicht ohne weiteres ein Defizit, welches bei dem in einer andern Gemeinde belegenen Besitztum sich herausstellt, berücksichtigt werden kann, vielmehr erscheint das nur insoweit statthaft, als angenommen werden darf, daß die Schulden, deren Verzinsung das Defizit herbeigeführt hat, ganz oder teilweise auch auf demjenigen Grundstücke mitlasten, welches an sich einen Reinertrag abwirft.

Das Einkommen einer Stadtgemeinde kommt ebenso wie das Einkommen einer Aktiengesellschaft hinsichtlich der Kreisbesteuerung nicht als Gesamteinkommen in Betracht — weder überhaupt, noch innerhalb des einzelnen Kreises. Gegenstand der Besteuerung ist nur der Reinertrag aus der einzelnen Einnahmequelle. Bei Ermittelung desselben dürfen deshalb neben den dinglichen Lasten und Abgaben nur solche Schuldenzinsen abgezogen werden, welche diesen Reinertrag schmälern; dahin gehören zwar auch Zinsen von Hypothekenschulden (s. diese) und Pfandbriefen, aber doch nur unter der Voraussetzung, daß sie das betreffende Grundstück belasten. Übersteigen sie den Ertrag des Grundstücks, so wirft dasselbe ein Einkommen nicht ab und fällt also bei der Veranlagung der Kreissteuer aus. Das Defizit aber, welches von der Stadtgemeinde gedeckt werden muß, steht mit anderen, in demselben Kreise belegenen Besitzungen der Stadtgemeinde in keinem weiteren Zusammenhange, wie die sonstigen Verbindlichkeiten, welche auf dem städtischen Haushalte ruhen, namentlich etwa die Verpflichtung zur Zahlung städtischer Anleihen und dergleichen. Wie die hierfür erforderlichen Aufwendungen nicht verhältnismäßig auf den zur Forensalbesteuerung herangezogenen Ertrag von Liegenschaften angerechnet werden dürfen, so muß auch ein bei einem städtischen Gute entstandenes Defizit außer Betracht gelassen werden, ohne daß es auf die Gründe ankommt, welche der Kreis aus den besonderen Verhältnissen ableitet, unter dem die Stadtgemeinde das Gut angekauft und die darauf eingetragenen Schulden gemacht hat.

Nr. 87.

Endurteil vom 3. Januar und 15. Dezember 1877 (Entsch. Bd. II. S. 29, III. S. 28.) Vergl. Stammwerk S. 33, 34 und 39.

Die Annahme der zur Ermittelung des Reinertrages des grundsteuerpflichtigen Gemeindeeigentums berufenen Staatsbehörde, daß eine bestimmte Liegenschaft von jener Ermittelung ausgeschlossen und im Grundsteuerkataster als ein „wegen der Benutzung zu öffentlichen Zwecken ertragsloses Grundstück“ nachzuweisen sei, steht der Heranziehung solcher Grundstücke zu den nach dem Verhältnisse der Grundsteuer verteilten Kreisabgaben nicht entgegen. Denn die Thatsache, daß das qu. Grundstück (im vorliegenden Falle ein Artillerieschießplatz) gemäß § 2 (i. f.) der Anweisung zum Grundsteuergesetze vom 21. Mai 1861 (G.-S. S. 257) thatsächlich seinem Reinertrage nach festgestellt ist, war jedenfalls ohne Bedeutung, so lange jener Vorschrift gemäß alle dem Staate gehörigen Grundstücke — auch die zu einem öffentlichen Dienste bestimmten —

dem Reinertrage nach festgestellt werden mußten, aber selbst jetzt, wo sich die staatlichen Organe nach dem Min.-R. vom 23. August 1861 in jedem einzelnen Falle schlüssig zu machen, ob sie mit jener Feststellung vorgehen wollen oder nicht, liegt in jener Feststellung lediglich der Ausdruck der individuellen Auffassung jener Organe, welche für den Verwaltungsrichter nicht maßgebend ist. S. „Artillerieschießplatz".

Nr. 88.

Endurteile vom 16. Mai 1877 (Entsch. Bd. II. S. 61) und vom 2. Dezember 1880 (Entsch. Bd. VII. S. 84). Vergl. Stammwerk S. 36, 37, 57, 58.

Bei der Berechnung des Einkommens aus Grundbesitz sind die an den Staat zu entrichtenden Grund- und Gebäudesteuern in Abzug zu bringen.

Nr. 89.

Endurteil vom 16. Mai 1877 (Entsch. Bd. II. S. 55.) Vergl. Stammwerk S. 35, 36.

Die Amortisationsquoten von Pfandbriefen sind bei der Ermittelung des Reinertrages der Güter von deren Bruttoertrage nicht in Abzug zu bringen.

Nr. 90.

Endurteil des II. Senats vom 24. Juni 1878 (Entsch. Bd. IV. S. 26.) Stammwerk S. 42.

Die Veranlagung zur Gewerbesteuer erfolgt in der Weise, daß für die vier Gewerbesteuer-Abteilungen und die dazu gehörenden Ortschaften, so wie für die einzelnen Arten (Klassen) des Gewerbes bestimmte Mittelsätze bestehen, von denen hier nur die für die erste Klasse — A. I — interessieren. Diese Klasse umfaßt nach § 2 Nr. 2 des Gesetzes vom 19. Juli 1861 (G.-S. S. 697) diejenigen Fabrik- und Handelsunternehmungen mit Einschluß der Kommissions-, Speditions-, Agentur-, Bank-, Geld-, Wechsel-, Versicherungs- und Rhederei-Geschäfte, so wie der auf Vermittlung von Handels- oder Geldgeschäften gerichteten Gewerbe, bei welchen teils nach der Höhe des dazu erforderlichen Anlage- und Betriebskapitals, teils nach der Erheblichkeit ihres jährlichen Umsatzes auf einen Betrieb von bedeutendem Umfange zu schließen ist.

Die zur Klasse A. I. gehörigen Steuerpflichtigen bilden nach § 4 l. c. Steuergesellschaften, deren Steuerbezirk in der Regel den ganzen Regierungsbezirk umfaßt. Diese Steuerbezirke zerfallen, je nach der Zahl und Bedeutung der vorstehend bezeichneten Art, in zwei Abteilungen. Zur ersten Abteilung gehören die Regierungsbezirke:

Aachen, Arnsberg, Breslau, Danzig, Düsseldorf, Köln, Königsberg, Liegnitz, Magdeburg, Merseburg, Potsdam, Stettin und die Stadt Berlin. Die Provinz Hannover, der Bezirk der Regierung zu Kiel zur Zeit des Erlasses der V. vom 28. April 1867, Wiesbaden und Oppeln.

Zur zweiten Abteilung gehören die übrigen Regierungsbezirke.

Die Mittelsätze betragen:

1) in der ersten Abteilung 288 Mk. jährlich, 24 Mk. monatlich,
2) in der zweiten Abteilung 216 Mk. jährlich, 18 Mk. monatlich.

Der niedrigste Satz beträgt für beide Abteilungen 144 Mk. jährlich.

Wenn nun nach § 14 der Kreisordnung Bergwerksbesitzer, welche in dem Umfange ihres Bergwerksbetriebes der in der Klasse A. I. der Gewerbesteuer veranlagten Gewerbesteuer gleichstehen, zu der Klasse A. I. „einzuschätzen“ und nach Maßgabe dieser „Einschätzung“ zu den Kreisabgaben heranzuziehen sind, so kann z. B. eine Steinkohlengruben-Gewerkschaft in Schlesien nicht beanspruchen, daß sie nur mit dem Mittelsatze von 288 Mk. oder wohl gar mit dem niedrigsten Satze von 144 Mk. herangezogen werde, vielmehr kann die Einschätzung der Bergwerksbesitzer im Kreise zu einer fingierten Gewerbesteuer nur nach Maßgabe derjenigen Steuersätze erfolgen, welche bei der Gewerbesteuer vom Handel in der Klasse A. I. für einen Gewerbebetrieb von entsprechendem Umfange zur Hebung kommen und der Regel nach nur durch Vergleichung mit den in der Klasse A. I. veranlagten Gewerbetreibenden desselben Steuer-(Regierungs-)Bezirks bewirkt werden.

Aus den §§ 86 und 87 der Kr.-O. (Hannover §§ 42 und 43, Hessen-N. §§ 43 und 44, Westfalen und Rheinprovinz §§ 35 und 36) ergiebt sich gegen die vorstehende Auffassung nichts, sondern nur, daß das Gesetz nicht ausschließlich eine Veranlagung der Gewerbetreibenden und Bergwerksbesitzer grade zum Mittelsatze der Gewerbesteuerklasse A. I. für zulässig erachtet, sondern auch zu einem Steuersatze unter dem Mittelsatze. Andererseits ist in diesen Bestimmungen der Mittelsatz als das Minimum der Voraussetzungen des Rechts, an dem Wahlverbande der größeren Grundbesitzer teilzunehmen, angesehen worden. (Vergl. auch die ministerielle Instruktion vom 10. März 1873 Art. 2 und die dazu ergangene ministerielle Verfügung von demselben Tage Nr. 4 und 5 zu Art. 2.) Die Vorschriften der K.-O. führen mithin zu dem Ergebnisse, daß die Einschätzung der Bergwerksbesitzer zu einer fingierten Gewerbesteuer — sei es zum Zwecke der Heranziehung zu den Kreisabgaben, sei es zu dem der Beteiligung an den Kreistagswahlen — nach höheren Sätzen als nach dem Mittelsatze erfolgen darf.

Die preußische Gewerbesteuergesetzgebung, wie sie aus dem Edikte vom 2. November 1810 hervorgegangen ist und gegenwärtig im wesentlichen auf den Gesetzen vom 30. Mai 1820 und 19. Juli 1861 beruht, geht von dem Grundsatze aus, daß die Gewerbetreibenden, soweit sie überhaupt steuerpflichtig sind, zur Gewerbesteuer nach Maßgabe des Umfanges ihres Gewerbebetriebes herangezogen werden sollen. Behufs Durchführung dieses Grundsatzes sind in dem Gesetze von 1820 die steuerpflichtigen Gewerbetreibenden in verschiedene, durch spätere Gesetze mehrfach veränderte Gattungen (A.—L.) und die Ortschaften des Staates in vier Abteilungen geteilt, so wie für die einzelnen Gewerbegattungen oder Abteilungen oder für beide kombiniert (A.—E. H.) Mittelsätze und Minimalsätze, für andere Gewerbegattungen dagegen anderweitige Abstufungsmerkmale festgesetzt worden. Die Regeln, nach welchen die Sätze der Gewerbesteuer ausgemittelt, verteilt und eingezogen werden sollen (§ 25 des Gesetzes von 1820), sind in der Anlage B. zusammengestellt. Davon kommen hier in betracht die Nummern 8 und 9. An diesem oben angedeuteten Prinzipe des Gesetzes von 1820 und an den vorgedachten Veranlagungsgrundsätzen hat das Gesetz vom 19. Juli 1861 wesentliches nicht geändert; vielmehr ist seine Absicht vorzugsweise darauf gerichtet, den Grundgedanken des Gesetzes von 1820, daß die Gewerbetreibenden nach dem Umfang ihres Gewerbebetriebes zu besteuern seien, weiter auszuführen und hierdurch dem industriellen Aufschwunge einerseits und den finanziellen Ansprüchen des Staates andererseits Rechnung zu tragen.

Bildung der 3 Steuerklassen A. I., A. II. und B. für die Gewerbesteuer vom Handel (§§ 1, 2).

Bildung von Steuergesellschaften für die Klasse A. I. aus den Gewerbetreibenden des ganzen Regierungsbezirks (§ 4).

Bildung von 2 Abteilungen für die Steuerbezirke der Klasse A. I. (§ 5, Königliche Verordnung vom 30. August 1875 — G.-S. S. 569 —).

Anderweitige Normierung der Mittel- und Minimalsätze (§ 8).

Die ministerielle Anleitung vom 28. Mai 1867 (Min.-Bl. d. i. V. S. 164, § 5, I.) bezeichnet es daher als einen Hauptzweck des Gesetzes, die größeren Handelsgeschäfte stärker als die geringeren zur Steuer heranzuziehen und dadurch eine der fortgeschrittenen Entwicklung des Handels und der Fabrikation entsprechende Einnahme für die Staatskasse zu erzielen. — Aus der Vergleichung der betreffenden Bestimmungen beider Gesetze ergeben sich folgende Regeln für die Verteilung der Gewerbesteuer der Klasse A. I.:

(Nr. 8.) Jeder Steuerbezirk — der Regel nach Regierungsbezirk — hat im ganzen so viel an Gewerbesteuer aufzubringen, als sich aus der Multiplikation des Mittelsatzes mit der Zahl der Gewerbesteuerpflichtigen des Steuerbezirks ergiebt.

(Nr. 9.) Dieser Mittelsatz ist dasjenige, was jeder Gewerbetreibende der Klasse A. I. als Gewerbesteuer zu zahlen hat. Da indes der Umfang, in welchem jeder einzelne das Gewerbe betreibt, sehr verschieden sein kann, so ist von denjenigen, welche den Mittelsatz nicht aufbringen können, ein bestimmter niedrigerer Satz zu zahlen. Der Ausfall, welcher hierdurch entsteht, muß durch höhere Beiträge Derjenigen gedeckt werden, welche vermöge ihres stärkeren Gewerbebetriebes mehr als den Mittelsatz zahlen können.

An diese materiellen Verteilungsvorschriften sind die mit der Veranlagung zur Gewerbesteuer betrauten Organe — mögen als solche die aus der Wahl der Steuerpflichtigen hervorgegangenen Kommissionen (§ 26 des Gesetzes von 1820, § 9 des Gesetzes von 1861) oder die Regierungen (§ 9 Nr. 7 des Gesetzes von 1861, § 6 X. der Anleitung von 1867, § 3 des Gesetzes vom 5. Juni 1874, Finanz-Min.-R. vom 23. Juni 1874) anzusehen sein — gebunden.

Nr. 91.

Endurteil vom 27. Juni 1878 (Entsch. Band IV. S. 37). Stammwerk S. 42—44.

Daß bei der Einschätzung der den Gewerbetreibenden der Klasse A. I. gleichstehenden Bergwerksbesitzer über die Mittelsätze hinausgegangen werden kann, ist nachgewiesen, dagegen ergiebt sich aus § 14 der Kreisordnungen, daß Bergwerksbesitzer, welche in dem Umfange ihres Gewerbebetriebes den in den Klassen A. II. und B. der Gewerbesteuer veranlagten Gewerbetreibenden gleichstehen, zu einer fingierten Gewerbesteuer überhaupt nicht herangezogen werden können. Merkmale für die vorstehend gedachte, überhaupt zulässige Einschätzung sind in der Anweisung vom 12. August 1861 (Min.-Bl. d. i. V. S. 207) und in der Anleitung vom 28. Mai 1867 (eod. S. 164) angegeben.

Wo das Recht zur Gewinnung verschiedener Mineralien innerhalb derselben Feldesgrenzen verschiedenen Bergwergseigentümern zusteht, sind die Mineralien des einen Teiles, welche von dem anderen bei planmäßiger Gewinnung seines Minerals zwar, weil beide nicht getrennt gewonnen werden können, mitgewonnen werden dürfen, jenem (z. B. dem Fiskus) aber herausgegeben werden müssen, bei der Bestimmung des Umfanges des Bergwerksbetriebes des ersteren nicht mit zu berücksichtigen, denn jener erhält diese Mineralien zwar kraft seines Bergwerkseigentums (§ 56 des Allgemeinen Berggesetzes vom 24. Juni 1865), aber nicht auf Grund seines „Bergwerksbetriebes" (§§ 14, 15 der Kreisordnung).

Nr. 92.

Endurteil des II. Senats vom 23. Juni 1881 (Entsch. Band VIII. S. 27). Stammwerk S. 60.

Einer Bergwerksgesellschaft fehlt dasjenige, was die Gewerkschaft eben der Aktiengesellschaft gleichstellt, nämlich die vermögensrechtliche Selbständigkeit des Unternehmens, wie solche im Titel IV. des allgemeinen Berggesetzes vom 24. Juni 1865 ihre Begründung findet. Der Ausdruck „Bergwerksbesitzer" im § 14 Abs. 4 und § 15 umfaßt alle Bergwerkseigentümer, mögen sie Gewerke sein oder nicht. Auch nach der Kreisordnung fallen unter diesen Begriff sowohl die Forensen des Abs. 1 im § 14, wie die Gewerkschaften im Abs. 2 l. c.

Nr. 93.

Endurteil des II. Senats vom 2. Dezember 1880 (Entsch. Band VII. S. 83). Stammwerk S. 57. 58.

Die Deichlasten gehören zu den im § 3c. der Ministerialinstruktion vom 3. Januar 1877 (Min.=Bl. d. i. V. S. 44) gedachten „auf den Grundstücken haftenden beständigen Lasten". Zu welchem Zwecke die Deichlasten aufgebracht werden und ob insbesondere ein Teil davon zur Abtragung von Schulden des Deichverbandes verwendet wird, erscheint ohne Belang, und die auf die Zinsen von Schulden des Besitzers bezüglichen Anordnungen der vorgedachten Instruktion dürfen hier nicht herübergenommen werden, weil die beiden Fälle ihrer rechtlichen Natur nach durchaus verschieden sind. Eher würde das Beispiel der an den Staat zu entrichtenden Grund= und Gebäudesteuern passen, welche unter allen Umständen und ohne Rücksicht auf den Zweck, wozu sie erhoben werden, abzugsfähig sind (§ 3a. der Instruktion). Die Deichlasten müssen demzufolge mit ihrem vollen Betrage abgesetzt werden und zwar auch in dem Falle, wenn ein Besitzer eingedeichter Flächen die letzteren verpachtet hat und zur Amortisation der Deichschulden herangezogen wird.

Nr. 94.

Endurteil des II. Senats vom 21. April 1881 (Entsch. Band VIII. Seite 23). Stammwerk S. 60.

Die Scheidung im § 17 der Kreisordnung hat ihren Grund in der Bezugnahme auf die verschiedenen, einesteils die Grundsteuer, anderenteils die Gebäudesteuer regelnden Gesetze. Die Pfarrdiensthäuser tragen keinen anderen Charakter als die Ländereien, zu deren Bewirtschaftung sie notwendig sind. Von der Staatsgrundsteuer sind die qu. Nebenhäuser allerdings nicht frei, allein die Staatssteuergesetzgebung enthält auch nicht das Prinzip, daß unbedingt alle Dienstgrundstücke der Geistlichen u. s. w. steuerfrei sein sollen, vielmehr bleiben nach § 4c. des Gesetzes vom 21. Mai 1861 (Ges.=S. S. 253) die Grundstücke, welche zur Dotation der Geistlichen gehören, nur insoweit frei, als ihnen bisher eine Grundsteuerfreiheit zustand. Diese Beschränkung wollte man für die Befreiung von den Kreislasten nicht einführen.

Nr. 95.

Endurteile vom 16. Mai 1877 (Entsch. Band II. S. 62) und vom 21. November 1878 (Entsch. Band IV. S. 69). Stammwerk S. 37 und 47.

Bei der Berechnung des steuerbaren Reineinkommens eines Eisenbahnunternehmens, insbesondere einzelner Eisenbahnstationen, sind von der Bruttoeinnahme:

I. a. die an den Staat zu entrichtende Eisenbahnabgabe,
b. die von dem Grundbesitze der Eisenbahngesellschaft für Rechnung der Staatskasse oder der beteiligten Kommunalverbände erhobenen Steuern

in Abzug zu bringen. Dagegen sind:

II. a. die Ausgaben für Tilgung von Anleihen,
b. solche Gemeindeabgaben, welche, sei es für Rechnung anderer Kreise oder der betreffenden Stadtgemeinden, nach den für die Staatseinkommensteuer bestehenden Grundsätzen von dem der Gesellschaft aus dem Eisenbahngewerbe zufließenden Einkommen erhoben werden,

nicht abzuziehen.

S. zunächst den Abschnitt „Doppelbesteuerung".

ad I. a. Die Eisenbahnabgabe lastet, wie die von andern Geschäften zu zahlende Gewerbesteuer, auf dem Unternehmen als solchem und ist den sonstigen Kosten desselben beizuzählen; ihr Abzug erscheint daher aus demselben Grunde zulässig, welche für den Abzug der Gewerbesteuer von der Bruttoeinnahme aus Handel und Gewerbe sprechen.

ad I. b. gilt dasselbe.

ad II. a. Wenn nach § 30 des Gesetzes vom 1. Mai 1851 als Ausgaben nur solche in Abzug gebracht werden dürfen, welche behufs der Fortführung des Gewerbebetriebes in dem bisherigen Umfange gemacht worden sind, nicht aber Kapitalanlagen zur Erweiterung des Geschäfts oder zu Verbesserungen aller Art, so leidet es keinen Zweifel, daß Abzahlungen von Schuldenkapitalien den abzugsfähigen Ausgaben nicht beizuzählen sind.

ad II. b. Solche Gemeindeabgaben charakterisieren sich nach den maßgebenden Bestimmungen im § 14 der Kreisordnung beziehungsweise im § 4 Absatz 3 der Städteordnung vom 30. Mai 1853 nicht als Ertrags-, sondern als Einkommensteuern und dürfen als solche bei Berechnung des steuerbaren Einkommens nicht in Betracht gezogen werden, zumal hiermit die Feststellung eines bestimmten, der Besteuerung der verschiedenen Kommunalverbände gleichmäßig zu Grunde zu legenden Jahreseinkommens nicht vereinbar sein würde. Vergl. Min.-R. vom 29. November 1853 (Min.-Bl. d. i. V. 1854 S. 37.)

Nr. 96.

Endurteil vom 10. Februar 1877 (Entsch. Band II. S. 40). Stammwerk S. 34.

Ansprüche auf Ermäßigung der veranlagten Einkommensteuer im Falle der Verminderung des veranlagten Gesamteinkommens durch den Verlust einzelner Einnahmequellen (§ 36 des Gesetzes vom 1. Mai 1851) würden sich, wenn bei den Kreissteuern überhaupt, doch nur in dem Falle begründen lassen, wenn nicht nur das Jahreseinkommen eine Verminderung erlitten hat, sondern wenn die Quellen selbst, aus welchen das Jahreseinkommen fließt, verloren gegangen sind. Ist dies der Fall, so kann auch im Laufe des Jahres, sofern durch jene Verluste das veranschlagte Gesamteinkommen eines Steuerpflichtigen um mehr als den vierten Teil vermindert worden ist, eine verhältnismäßige Ermäßigung der veranlagten Steuer gefordert werden. Von dem Verluste einzelner Einnahmequellen ist hierbei im Gegensatze zu solchen Verlusten die Rede, welche nur das jeweilige Jahreseinkommen treffen. Während wegen letzterer die einmal veranlagte Einkommensteuer im Laufe des Jahres niemals einer Änderung unterliegt, kann wegen der ersteren Verluste bedingungsweise eine Steuerermäßigung in Anspruch genommen werden. Einzelne Einnahmequellen in diesem Sinne sind für die Zinsen aus Kapitalvermögen die einzelnen, zinsbar angelegten Kapitalbeträge, für die Erträge aus Grund- oder Bergwergseigentum die Grundstücke oder Bergwerke, aus welchen die Erträge gewonnen werden u. s. w.

Ferner ist im § 36 Abs. 4 bestimmt, daß die Ermäßigung der Steuer wegen Verlustes einzelner Einnahmequellen im Laufe des Veranlagungsjahres bei der Einschätzungsbehörde ausdrücklich beantragt werden muß und eventuell erst von dem Monat ab eintritt, welcher auf denjenigen folgt, in dem der Antrag gestellt worden ist. Hieraus ergiebt sich, daß derartige Anträge nach Ablauf des Jahres, für welches die Veranlagung erfolgt ist, überhaupt nicht mehr berücksichtigt werden dürfen.

Nr. 97.

Endurteil vom 14. März 1877 (Entsch. Band II. S. 42). Stammwerk S. 34.

Wenn die nach § 15 der Kreisordnung maßgebenden Vorschriften in den §§ 28 und 30 des Staatseinkommensteuergesetzes vom 1. Mai 1851 als Grundlage für die Berechnung aus dem Gruben- und Gewerbebetriebe den durchschnittlichen Reinertrag der letzten drei Jahre bezeichnen, so ist hierbei einerseits, wie der Zusammenhang der §§ 27—30 ergiebt, von dem Zeitpunkte der Reklamationserörterung, welcher in das Steuerjahr selbst fällt, andererseits aber auch von der Absicht ausgegangen, dem zur Zeit der Veranlagung noch nicht mit Sicherheit festzustellenden Einkommen des Steuerjahres die mutmaßlich richtigste Durchschnittsziffer zu substituieren. Als solche kann aber nur der Durchschnitt des Ertrages aus dem dem Steuerjahre unmittelbar vorangegangenen Jahre und den beiden Vorjahren desselben angesehen und keineswegs dem Pflichtigen selbst das Recht versagt werden, die Berichtigung der Veranlagung im Reklamationswege nach Maßgabe der Durchschnittsziffer in solchen Fällen zu verlangen, wo eine Mitberücksichtigung des effektiven Reinertrages für das unmittelbare Vorjahr des Steuerjahres seitens der Veranlagungsbehörden wegen Mangels der bezüglichen Unterlagen oder aus andern Gründen unterblieben ist.

Nr. 98.

Endurteil des II. Senats vom 6. März 1879 (Entsch. Band V. S. 15). Stammwerk S. 48. 49.

Die zwischen den Parteien anderweit vereinbarten Durchschnittsjahre können sehr wohl für maßgebend erachtet werden, allein ein Recht auf den Durchschnitt aus anderen, als dem 1., 2., 3. Jahre rückwärts, läßt sich nicht anerkennen (§§ 4, 16 der Instruktion vom 3. Januar 1877). Vergl. über eine derartige Vereinbarung O.-V.-G.-E. vom 21. November 1878 (Entsch. IV. S. 70.)

Nr. 99.

Endurteil des II. Senats vom 8. Oktober 1880 (Entsch. Bd. VII. S. 44). Stammwerk S. 56.

Wenn der § 28 Abs. 3 des Gesetzes vom 1. Mai 1851 vorschreibt, bei Berechnung des Einkommens aus nicht verpachteten Besitzungen sei der im Durchschnitt der drei letzten Jahre durch die eigene Bewirtschaftung erzielte Reinertrag zu Grunde zu legen, so kann dem Eigentümer nicht verwehrt werden, sein wirkliches Einkommen rechnungsmäßig nachzuweisen, und er braucht sich auf eine Ermittlung durch anderweite Schätzung in diesem Falle nicht einzulassen.

Nr. 100.

Endurteil vom 1. Mai 1878 (Entsch. Bd. IV. S. 22). Stammwerk S. 41. 42.

Wollte man bei der Berechnung des Durchschnittes der letzten drei Jahre lediglich die Gewinnjahre in Rechnung ziehen, so würde das keinen dreijährigen

Durchschnitt, sondern nur den Reingewinn gewisser Jahre auf drei Jahre gleichmäßig verteilt ergeben. Hätte das Gesetz auf diese Weise verfahren wissen wollen, so würde es als Maßstab nicht den dreijährigen Durchschnitt, sondern den Durchschnitt des reinen Ertrages der Gewinnjahre mit Ausschluß der Verlustjahre haben vorschreiben müssen

Nr. 101.

Endurteil vom 27. Juni 1876 (Entsch. Bd. I. S. 43). Stammwerk S. 28.

Lange vor der Emanation der Kreisordnung hatten die Kreise das Recht, den Fiskus zwar nicht zu den persönlichen Steuern, wohl aber zu den Ertragssteuern von dem im Kreise belegenen fiskalischen Grundbesitze, insbesondere also mit einer Grund- und Gebäudesteuer zur Deckung der Kreisbedürfnisse heranzuziehen, indem man davon ausging, daß der Fiskus zu den einzelnen Kreisen durch seinen in demselben gelegenen Grundbesitz in eine rechtliche Beziehung rein realer Natur trete (Persönliche Bedürfnisse kann der Fiskus überhaupt nicht haben. Der Verfasser.), welche die Besteuerung der einzelnen fiskalischen Liegenschaften als integrierende Bestandteile des Kreises von ihrem Ertrage ermögliche. Vergl. § 1 Abs. 2 des Gesetzes vom 27. Juli 1885 (G.-S. S. 327).

Nr. 102.

Endurteil vom 12. Dezember 1878 (Entsch. Bd. IV. S. 72). Stammwerk S. 48.

Die 59 % Zuschlag zu der Grund- u. s. w. Steuer im § 14 der Kreisordnung bilden das Äquivalent für die gänzliche Befreiung des Fiskus von den persönlichen Steuern aus Einkommen.

Nr. 103.

Endurteile vom 30. Mai 1876 (Entsch. Band I. S. 40), vom 3. Januar 1877 (II. 23), vom 15. Dezember 1877 (III. 24), vom 4. November 1878 (IV. 63), vom 9. Dezember 1876 (I. 87). Stammwerk S. 28,32, 33, 39, 47.

Befreit von Kreisabgaben sind die dem Staate gehörigen, zu einem öffentlichen Dienste oder Gebrauche bestimmten Liegenschaften und Gebäude (im Gegensatze zu den ertragbringenden, eigentlich fiskalischen Vermögensstücken)*) insbesondere:

a. Die zu Dienstwohnungen für die Königlichen Forstbeamten bestimmten Gebäude.
b. Artillerieschießplätze, welche dem Reiche gehören.
c. Hafse.
d. Pferdeställe und Reitbahnen der Landgestüte.
e. Gebäude der Staatsbahnen.

Dagegen sind nach dem obigen Grundsatze von Kreisabgaben nicht befreit:

a. Die fiskalischen Weidenanpflanzungen — sogenannte Kämpen — an Strömen.
b. Die der Landgestütverwaltung zu gewöhnlicher landwirtschaftlicher Benutzung überwiesenen, auch thatsächlich solchergestalt genutzten sogenannten Gestütvorwerke (cf. oben sub d).

---

*) L. 17 D. de verborum significatione. 50. 16.
Inter publica habemus non sacra, nec religiosa, nec quae publicis usibus destinata sunt: sed si qua sunt civitatum velut bona — —. Publica vectigalia intelligere debemus, ex quibus vectigal fiscus capit: quale est vectigal portus, vel venalium rerum: item salinarum, metallorum et picariarum (Pechhüttenwerke). P.

Nr. 104.

Endurteil vom 30. Mai 1874 (Entsch. Band I. S. 40). Stammwerk S. 28.

Den fiskalischen Forstbediensteten steht die Beamtenqualität zu, denn die preußische Gesetzessprache versteht unter „Beamten" alle Staatsdiener ohne Ausnahme, mögen sie zur Ausübung von Staatsregierungs-(Souveränitäts-)Rechten oder zur Verwaltung des staatlichen Vermögens berufen sein.

Nr. 105.

Endurteil vom 9. Mai 1876 (Entsch. Band I. S. 36). Stammwerk S. 27. 28.

Im Gegensatze zu der Bestimmung im § 5 Nr. 2 des Gesetzes vom 14. April 1856 bezeichnet der § 14 der Kreisordnung als Forensen (Ausmärker) diejenigen physischen Personen, welche, ohne im Gemeindebezirke zu wohnen, bezw. in demselben zu den persönlichen Staatssteuern veranlagt zu sein, in demselben Grundeigentum besitzen, oder ein stehendes Gewerbe oder außerhalb einer Gewerkschaft Bergbau betreiben. Der Satz „bezw. in demselben u. s. w." hat die Bedeutung, daß auch diejenigen physischen Personen als „Forensen" zu bezeichnen bezw. den letzteren gleichzustellen sind, welche, ohne in dem Kreise zu den persönlichen Staatssteuern veranlagt zu sein, in demselben einen Wohnsitz haben und zugleich Grundeigentum besitzen oder ein stehendes Gewerbe oder außerhalb einer Gewerkschaft Bergbau betreiben.

Nr. 106.

Endurteil vom 19. September 1876 (Entsch. Bd. I. S. 70). Stammwerk S. 29. 30.

Als Forensen im Sinne des § 14 der Kreisordnung gelten nicht auch diejenigen physischen Personen, welche in einer Gemeinde des Kreises Grundeigentum besitzen und in einer anderen Gemeinde desselben Kreises einen Wohnsitz haben. Mit anderen Worten: Die Kreisordnung kennt nur den Begriff der Kreisforensen, nicht auch den der Gemeindeforensen. Es ist daher auch der Kreisausschuß nicht berechtigt, Grundbesitzer einer Gemeinde, welche in einer anderen Gemeinde des Kreises ihren Wohnsitz haben, von dem Einkommen aus ihrem Grundbesitze fingiert zur Klassen- und Einkommensteuer zu veranlagen und den veranlagten Steuerbetrag der Gemeinde, in deren Bezirk der Grundbesitz belegen ist, bei der Berechnung des Kreisabgabensolls mit in Ansatz zu bringen. Hieraus aber folgt wiederum andererseits, daß die Klassen- oder Einkommensteuer eines Zensiten in ihrem vollen Betrage bei der Berechnung des Kreisabgabensolls derjenigen Gemeinde in Ansatz zu bringen ist, in welcher er wohnt, bezw. zu den persönlichen Staatssteuern veranlagt ist, auch wenn er sein steuerpflichtiges Einkommen oder einen Teil desselben aus Grundbesitz bezieht, welcher in einer anderen Gemeinde desselben Kreises belegen ist. Die entgegenstehende Auffassung, daß letzteres Einkommen außer Berechnung zu lassen sei, ist nicht aus dem § 16 der Kreisordnung herzuleiten, da dieser nach seinem klaren Wortlaut nur auf kreisforensischen, nicht aber auf gemeindeforensischen Grundbesitz bezogen werden kann.

Nr. 107.

Endurteil vom 23. Mai 1876 (Entsch. Bd. I. S. 19). Stammwerk S. 26.

Nach dem Gesetze vom 18. Juni 1840 (G.-S. S. 140) und § 19 der Kreisordnung von 1872 mußten Reklamationen gegen die als Kreislasten aufzubringenden Abgaben binnen drei Monaten bei dem Kreisausschuß angebracht werden. Dies fand Anwendung auf alle vor dem 1. Oktober 1876 anhängig gemachten Sachen. Mit dem gedachten Tage trat das Zuständigkeitsgesetz vom 26. Juli 1876 in Kraft, es wurde hierbei hinsichtlich der vorstehenden Reklamationsfrist noch nichts geändert. Mit dem 1. April 1881, dem Tage des Inkrafttretens der Kreisordnungsnovelle vom 19. März 1881, hat sich dies aber geändert, denn nach § 19 a. a. O. beträgt die Frist für diese Reklamationen (d. h. vorläufig nur bei den Kreisabgaben und nicht bei den Gemeindeabgaben) nur noch zwei Monate (Art. IV. der Klassensteuergesetznovelle vom 16. Juni 1875). Die Frist beginnt mit dem Tage der Bekanntmachung der Heberolle resp. der Benachrichtigung vom Betrage der Steuer und ist präklusivisch.

Nr. 108.

Endurteil des II. Senats vom 13. September 1880 (Entsch. Bd. VII. S. 27). Stammwerk S. 27. Daselbst steht unrichtig „Dezember" statt „September".

Der Kreisbesteuerung unterliegt das Einkommen eingetragener Genossenschaften aus dem Grundbesitze oder dem Gewerbebetriebe nicht, weil sie nicht zu den in § 14 der Kreisordnung aufgeführten juristischen Personen gehören, kein von dem einzelnen Beteiligten verschiedenes Rechtssubjekt bilden, vielmehr nur mit denjenigen Rechten ausgestattet sind, welche zur Erreichung ihrer Zwecke erforderlich und genügend erscheinen.

Nr. 109.

Endurteil vom 16. Mai 1877 (Entsch. Bd. II. S. 62). Stammwerk S. 37.

Die Eisenbahnabgabe lastet, wie die von anderen Geschäften zu zahlende Gewerbesteuer, auf dem Unternehmen als solchem und ist den sonstigen Kosten derselben beizuzählen; ihr Abzug behufs Feststellung des steuerbaren Reineinkommens erscheint daher aus denselben Gründen zulässig, welche in dem Finanzministerialreskripte vom 10. September 1864 für den Abzug der Gewerbesteuer von der Bruttoeinnahme aus Handel und Gewerbe aufgeführt sind. Dies Reskript ist nur in einem Werke von Sentrup über das Gesetz vom 1. Mai 1851 auf Seite 81 zu finden. Außerdem teilt aber Regierungsrat O. Fischer in der zweiten Auflage seines bei E. Bänsch jun. in Magdeburg erschienenen empfehlenswerten Werkes „Die preußische Klassensteuer" auf S. 56 ein Reskript vom 10. November 1867 mit, in welchem gesagt ist: „Die Gewerbesteuer lastet unzweifelhaft auf dem Geschäfte und muß den Geschäftsunkosten beigezählt werden, nach deren Abzug sich erst das steuerpflichtige Reineinkommen ergiebt. Sie ist daher ebenso wie die Grundsteuer von dem ermittelten Bruttoeinkommen in Abzug zu bringen; denn der reine Gewinn aus dem Gewerbebetriebe stellt sich erst nach Abzug der Gewerbesteuer heraus. Diese Steuer kann aber selbstredend, wenn eine spezielle Ermittelung des Einkommens nicht stattgefunden hat, dasselbe vielmehr nur in Pausch und Bogen arbitriert worden ist, nicht noch einmal besonders in Abzug gebracht werden."

Nr. 110.

Endurteil vom 31. Januar 1877 (Entsch. Bd. II. S. 33). Stammwerk S. 34.

1) Gegenüber der landrechtlichen Auffassung der Pacht als dinglichen Rechtes und des Pächters als unvollständigen Besitzers an Grund und Boden liegt die Erwägung nahe, ob nicht unter „Grundbesitz" im Sinne des § 14 der Kreisordnung sowohl der eigentümliche als auch der auf einem Pachtverhältnis beruhende Besitz des Grund und Bodens habe verstanden werden sollen.

2) Der Umstand allein, daß der § 14 als **Forensen** diejenigen bezeichnet, welche, ohne in dem Kreise einen Wohnsitz zu haben, in demselben Grundeigentum besitzen, und daß der § 16 in Zusammenhang damit der Doppelbesteuerung desjenigen Eigentums vorbeugt, welches einem Abgabenpflichtigen aus seinem außerhalb des Kreises gelegenen **Grundeigentum** zufließt, würde einer solchen Auslegung nicht unbedingt entgegenstehen. Denn das Gesetz hat durch seine Fassung die Grundlage des forensalischen Steuerverhältnisses zum Kreise — vom Gewerbe- und Bergbaubetriebe abgesehen — wohl nicht auf das privatrechtliche volle Eigentum am Grund und Boden beschränken und damit andere Rechtsverhältnisse, welche gleich dem Eigentum ein vollständiges Nutzungsrecht am Grund und Boden gewähren, wie beispielsweise den Nießbrauch, ausschließen wollen.

3) Andererseits spricht jedoch gegen jene Auslegung, daß nicht allein der allgemeine Sprachgebrauch unter Grundbesitz nicht den Pachtbesitz an einem Grundstücke, sondern dem entsprechend auch die Kreisordnung, wo immer dieselbe sonst die kommunalen Rechte und Pflichten der „Grundbesitzer" regelt, unter diesen zweifellos **nicht die Pächter** des Grund und Bodens mitbegreift. Die **Pächter** von Landgütern gehören nicht sowohl zu den Grundbesitzern, als vielmehr zu den Gewerbtreibenden im Sinne des § 14 der Kreisordnung.

Nr. 111.

Endurteil des II. Senats vom 24. Juni 1878 (Entsch. Bd. IV. S. 26). Stammwerk S. 42.

Die ministerielle Anleitung vom 28. Mai 1867 (Min.-Bl. d. i. V. S. 164, § 5, I.) bezeichnet es daher als einen Hauptzweck des Gesetzes, die größeren Handelsgeschäfte stärker als die geringeren zur Steuer heranzuziehen und dadurch eine der fortgeschrittenen Entwicklung des Handels und der Fabrikation entsprechende Einnahme für die Staatskasse zu erzielen.

Nr. 112.

Endurteil des II. Senats vom 24. November 1881 (Entsch. Bd. VIII. S. 34). Stammwerk S. 61, 62.

Erreichen die Beiträge der Beamten zu den **Gemeindeabgaben** bereits die im § 2 und 3 des Gesetzes vom 11. Juli 1822 bezeichnete Grenze, so findet eine Heranziehung der Beamten zu den **Kreisabgaben** überhaupt nicht mehr statt. Erreichen die Beiträge jene Grenze nicht, so findet die Heranziehung nur noch bis zu dieser statt. (§ 18 der Kr.-O.) Im übrigen vergl. die Wochenschrift „Selbstverwaltung" Jahrg. IX. S. 45.

Nr. 113.

Endurteil des II. Senats vom 6. März 1879 (Entsch. Bd. V. S. 15). Stammwerk S. 48, 49.

Nach § 30 des Gesetzes betreffend die Einführung einer Klassen- und klassifizierten Einkommensteuer vom 1. Mai 1851 (G.-S. S. 193) soll bei der Einschätzung zu der gedachten Steuer der Gewinn aus Handel, Gewerbe u. s. w. nach dem Durchschnitt der letzten drei Jahre berechnet werden. Dieser Vorschrift entsprechend hatte ein Kreisausschuß eine Eisenbahngesellschaft wegen des aus einer im Kreise belegenen Station ihr zufließenden Einkommens zu den Kreisabgaben herangezogen. Schon vorher hatte aber der Kreistag sein Etatsjahr verlegt und durch Beschluß vom 24. November 1877 das mit dem 1. Januar

1877 begonnene Etatsjahr bis zum 31. März 1878 ausgedehnt. Behufs Einschätzung der Eisenbahn mußte also in folgender Weise operiert werden:

Für das Jahr 1877 wurde nach dem Durchschnitt der Jahre 1874—1876 ein Einkommen von 57 618 Mk. ermittelt, davon ein Prinzipalsteuersatz von 1620 Mk. und dazu der prozentuale Zuschlag als Kreissteuer	216 Mk.
Für das I. Quartal 1878 nach dem Durchschnitt der Jahre 1875—1877 ein Einkommen von 50 963 Mk., Prinzipalsteuer 1140 Mk. Kreissteuer	48 „
zusammen	264 Mk.

Hiermit war die Eisenbahngesellschaft nicht zufrieden, namentlich glaubte sie, daß nicht der Durchschnitt der dem Steuerjahre unmittelbar vorangehenden drei Jahre, sondern der Durchschnitt der nun ein Jahr mehr rückwärts liegenden drei Jahre maßgebend sein müsse, und danach wurde folgende Rechnung aufgestellt:

Für das Jahr 1877 nach dem Durchschnitt der Jahre 1873 bis 1875 ein Einkommen von 52 812 Mk., Prinzipalsteuer 1140 Mk. Kreissteuer	192 Mk.
Für das I. Quartal 1878 nach dem Durchnitt von 1874 bis 1876 ein Einkommen von 57 618 Mk., Prinzipalsteuer 1620 Mk. Kreissteuer	54 „
zusammen	246 Mk.

Das mit der Klage angerufene damalige Bezirksverwaltungsgericht stellte eine ganz neue dritte Berechnung in folgender Weise auf:

Das Einkommen pro I. Quartal 1877 nach dem für das Jahr 1876 zu Grunde gelegten Einkommen mit einer Prinzipalsteuer von 1080 Mk. = . . .		36 Mk. Kreissteuer.
Für das Jahr 1. April 1877/78 nach dem Durchschnitt der Jahre 1874—1877 (also vier Jahre), wobei aber von je drei Jahren noch Bruchteile zur Anwendung kamen, eine Kreissteuer von	216 „	
zusammen	252 Mk.	

Bei dieser Entscheidung beruhigte sich der verklagte Kreisausschuß, die klagende Eisenbahngesellschaft legte aber die Berufung ein.

Schließlich wurde das Erkenntnis des Bezirksverwaltungsgerichts, wenn auch aus anderen Gründen, bestätigt. Dabei ist ausgeführt, der Vorderrichter habe ohne zureichende Veranlassung das I. Quartal 1877 aus dem mit dem 1. Januar 1877 begonnenen Etatsjahre des Kreises ausgeschieden und das kreisabgabenpflichtige Einkommen der Klägerin für dies Quartal — analog den für die im I. Quartal 1877 zur Erhebung gelangten direkten Staatssteuern gegebenen Vorschriften — nach dem Einkommen für das Jahr 1876 bemessen. Der erste Richter habe bei dieser Berechnung anscheinend übersehen, daß nach dem Gesetze vom 12. Juli 1876 (G.=S. S. 288) das Etatsjahr des Staates (cf. Gesetz vom 29. Juni 1876 — G.=S. S. 177 —) schon vom 1. April 1877 ab verlegt und das erste Quartal 1877 als fünftes Quartal dem Steuerjahre 1876 angefügt worden ist, während nach dem Kreistagsbeschlusse vom 24. November 1877 die Verlegung des Etatsjahres als Anfangstermin auf den 1. April als Anfangstermin erst mit dem Jahre 1878 in Kraft treten und das I. Quartal 1878 sich als fünftes Quartal dem Etatsjahre 1877 anschließen sollte.

Die anderweite Regelung des Etatsjahres des Kreises sei also nicht geboten gewesen, zumal ja die Parteien auch in dieser Beziehung einig seien.

Streit sei nur darüber, ob als die zu Grunde zu legenden Durchschnittsjahre das 1., 2. und 3. oder das 2., 3. und 4. rückwärts anzunehmen seien und in dieser Beziehung müsse dem Kreisausschuß Recht gegeben werden.

Nr. 114.

Endurteil des II. Senats vom 7. Januar 1886 (Entsch. Bd. XIII. S. 38).

Die übliche Absetzung für jährliche Abnutzung an Gebäuden und Utensilien (§ 30 des Einkommensteuergesetzes vom 1. Mai 1851) ist auch in Beziehung auf bergbauliche Anlagen unter Tage, insbesondere auf Schächte, Querschläge, Förderstrecken, Sumpfstrecken, Überbrechen u. s. w. zulässig. (Wegen der Bedeutung dieser technischen Ausdrücke vergl. Berg- und hüttenmännisches Wörterbuch von Dannenberg und Frantz, Leipzig 1882.)

Nr. 115.

Endurteil des II. Senats vom 27. April 1886 (Entsch. Bd. XIII. S. 45).

1) Es handelt sich um die Auslegung des hannoverschen Gesetzes vom 8. Juli 1851 über Gemeindewege und Landstraßen (hannoversche G.-S. S. 141), cf. § 60 des Zuständigkeitsgesetzes vom 1. August 1883. Die Wegebaulasten sind hier Kreislasten.

2) Hinsichtlich des über die Wegeverbände der Provinz zerstreuten fiskalischen Besitzes hat die Ermittlung des simplum nach § 35 des Gesetzes nicht gemeindeweise — gesondert für jede einzelne Gemeinde — zu erfolgen, so daß von dem auf jede Gemeinde entfallenden Betrage der Steuern des Fiskus die ersten 3 Mark nur mit 50 Pf. ein für allemal heranzuziehen und erst von jeder vollen Mark bei jeder Umlage 4⅙ Pf. zu berechnen sind, sondern es kann diese Ermittlung nur nach der Gesamtsumme der im ganzen Verbande zur Anrechnung kommenden Steuern bewirkt werden.

3) Dem hannoverschen Wegeverbande gegenüber sind nicht etwa die Gemeinden oder die Gemeindeglieder als solche zur Leistung von Beiträgen verpflichtet, sondern diejenigen einzelnen Personen, welche dem — eine juristische Persönlichkeit bildenden — Wegeverbande entweder als Eingesessene oder als Besitzer von im Verbande belegenen Grundstücken und Häusern angehören.

Nr. 116.

Endurteil des II. Senats vom 31. Mai 1886 (Entsch. Bd. XIII. S. 53).

1) Der § 36 des in der vorhergehenden Nr. 115 gedachten hannoverschen Wegegesetzes ist dahin auszulegen, daß neben den Realsteuern von den im Wegeverbande belegenen Grundstücken und Häusern nur die persönlichen direkten Steuern derjenigen heranzuziehen sind, welche im Wegeverbande einen Wohnsitz haben. Der Ausdruck „Eingesessene“ läßt eine andere Deutung nicht zu.

2) „Eingesessene“ sind zu unterscheiden von den „Angesessenen“. Zu den letzteren gehören auch diejenigen, welche in dem Bezirke auch Grundeigentum besitzen, daselbst aber nicht wohnen; bei den Eingesessenen dagegen bildet der Wohnsitz im Bezirke an sich ein notwendiges Erfordernis. „Amtsangesessene“ sind nach hannoverschem Sprachgebrauche in speziellen Fällen alle Personen, welche mit den das Amt verwaltenden Beamten überhaupt in amtliche Berührung kommen.

Nr. 117.

Endurteil des II. Senats vom 12. Oktober 1886 (Entsch. Bd. XIV. S. 10).

1) Der § 17 der hannoverschen Kreisordnung stimmt wörtlich überein mit dem § 17 der altländischen Kreisordnung, wie denn überhaupt sämtliche bisher erlassenen Kreisordnungen in den ersten 21 Paragraphen im Wesentlichen gleichlautend sind. (Siehe Dr. Bornhak, synoptische Zusammenstellung aller Kreisordnungen. Berlin, 1887). Die rheinische Kreisordnung hat bis auf die Schlußbestimmungen dieselbe Paragraphenfolge, wie die westfälische.

2) Hausgärten, deren Flächeninhalt einen Morgen nicht übersteigt, werden gesetzlich als Zubehör des betreffenden Gebäudes angesehen. (§§ 1 a. und 7 des Gebäudesteuergesetzes vom 21. Mai 1861 — G.-S. S. 317 —.) Liegen solche Hausgärten bei steuerfreien Dienstgebäuden, so unterliegen sie auch nicht der Kreisbesteuerung, umfassen sie aber eine größere Fläche als 1 Morgen, so werden sie zur Grundsteuer (event. fingiert) eingeschätzt und sind auch dann kreissteuerpflichtig.

C. Veränderung der Kreisgrenzen und Bildung neuer Kreise.

Nr. 7.

Endurteil vom 28. Februar 1877 (Entsch. Bd. II. S. 1). Stammwerk S. 68.

In demselben ist zunächst ausgeführt, es habe die Entscheidung des damaligen Bezirksverwaltungsgerichts in diesen Fällen „nach Recht und Billigkeit" in einem „schiedsrichterlichen Verfahren" zu erfolgen. Woher dieser Ausdruck stammt, ist in den Gründen an der Hand der Geschichte des Gesetzes ausführlich dargestellt, und es mag daraus hier nur hervorgehoben werden, daß es ursprünglich im Plane lag, die Entscheidung der bei den Auseinandersetzungen vorkommenden Streitigkeiten dem ordentlichen Richter zu überlassen, nachdem das Gesetz selbst die Grundsätze der Auseinandersetzungen geregelt habe, daß hiergegen der damals nicht angenommene Vorschlag gemacht wurde, die Auseinandersetzungen durch ein Schiedsgericht erfolgen zu lassen, und daß man schließlich sich davon überzeugte, wie die beiden Gegensätze, Wahrnehmung und Festhaltung des Rechtsstandpunktes auf der einen Seite und Wahrnehmung des Standpunktes der Zweckmäßigkeit und Billigkeit auf der anderen Seite, in dem Verwaltungsgerichte die glücklichste Lösung fänden. Hieraus schloß das Königliche Oberverwaltungsgericht, daß nach der Absicht des Gesetzgebers die hier in Rede stehenden Streitigkeiten von dem Verwaltungsrichter nach Recht und Billigkeit in einem schiedsrichterlichen Verfahren zu entscheiden seien, und es ist nicht abzusehen, in welcher Weise durch die Kreisordnungsnovelle hierin eine Änderung herbeigeführt sein soll, zumal zu einer derartigen Annahme auch die einschlagenden bürgerlichen Gesetze keinen Anhalt bieten (A. G.-O. I. 2 §§ 173 bis 175; Code proc. Art. 1010, 1023; Reichs-Zivil-Prozeß-Ordnung § 866). Der Unterschied von sonst und jetzt besteht lediglich darin, daß die Verwaltungsbehörde, welcher die Auseinandersetzung oblag, Streitigkeiten, welche sich dabei ergaben, festzustellen und damit das Auseinandersetzungsverfahren vorläufig abzuschließen, d. h. den vorgefundenen und durch vergeblich angestellte Einigungsversuche nicht veränderten Zustand (event. durch Zwangsmittel) so lange aufrecht zu erhalten hatte, bis durch den von den Beteiligten anzurufenden

Verwaltungsrichter etwas anderes*) festgesetzt war, während jetzt der Bezirksausschuß positiv neues, einen interimistischen Zustand, schafft und den Beteiligten überläßt, etwa streitig bleibende Punkte im Verwaltungsstreitverfahren zum Austrag zu bringen. Die Annahme, daß der Bezirksausschuß lediglich an die Stelle der Verwaltungsbehörde (Bezirksregierung) getreten sei, wird sich in dieser Allgemeinheit schon deshalb nicht aufrecht erhalten lassen, weil der Bezirksausschuß bei seiner vorläufigen Festsetzung unzweifelhaft ebenfalls nach den Grundsätzen des Rechts und der Billigkeit zu verfahren haben wird, so daß er dem Verwaltungsrichter gewissermaßen vorarbeitet und der letztere nunmehr voraussichtlich seltener in die Lage kommen dürfte, im Streitverfahren entscheiden zu müssen. Wird ihm aber die Gelegenheit geboten, so hat er auch heute noch ebenfalls nach Recht und Billigkeit in einer Art von schiedsrichterlichem Verfahren**) zu entscheiden.

Bedenken gegen diese Auffassung könnten nur darin gefunden werden, daß die Königliche Staatsregierung in der oben mitgeteilten Begründung zu dem Zuständigkeitsgesetze die Begriffe „Verwaltungsstreitverfahren" und „schiedsrichterliche Entscheidung" einander gegenüber gestellt hat, es erledigen sich dieselben aber durch die Erwägung, daß eine schiedsrichterliche Entscheidung doch etwas anderes ist, als ein dieser Entscheidung vorausgehendes schiedsrichterliches Verfahren, ein Ausdruck, welcher der Natur der Sache nach und gegenüber der geschichtlichen Entwicklung der Gesetzgebung nicht wohl vermieden werden konnte, ohne daß sonst dadurch dem Wesen der verwaltungsrichterlichen Entscheidung Eintrag geschehen sollte. (Vergl. Reichs-Zivil-Prozeß-Ordnung §§ 860 ff.)

Von diesem Standpunkte aus betrachtet dürfte es keinem Zweifel unterliegen, daß die in dem hier besprochenen Erkenntnisse niedergelegten Grundsätze auch noch heute unter der Herrschaft der Kreisordnungsnovelle vollständig Anwendung finden.

Demgemäß ist auch fortan grundsätzlich daran festzuhalten, daß jeder Teil einer Kommune durch Exkommunalisierung ipso jure, soweit nicht besondere Rechtstitel ein anderes begründen, aus allen Rechten und Pflichten, welche ihm auf Grund der bisherigen kommunalen Zugehörigkeit zustanden, bezw. oblagen, ausscheidet. Ein gegenseitiger Rechtsanspruch auf Entschädigung ist daher nicht vorhanden, es sei denn, daß eben besondere Rechtstitel zur Seite stehen. (Vergl. z. B. auf dem Gebiete der Kirchen- und Schulverwaltung das Min.-R. vom 17. Oktober 1851 — Min.-Bl. d. i. V. 1852 S. 2 —.)

Für die Beurteilung von Entschädigungsansprüchen wegen veränderter Kreisgrenzen ist im allgemeinen zu unterscheiden,

> ob es sich um Kreisteilungen und Abzweigung größerer Distrikte, beziehungsweise um das Ausscheiden von Städten von mindestens 25 000 Seelen aus dem Kreisverbande handelt — für welche Fälle besondere Gesichtspunkte, namentlich die Erhaltung der Leistungsfähigkeit des Restkreises, beziehungsweise die Sicherung der Kreisgläubiger in Betracht kommen —

---

*) Wenn v. Brauchitsch, letzte Ausgabe, Bd. II. S. 30 in der Anm. 8 andeutet, die Verwaltungsbehörde habe früher die streitigen Punkte dem Verwaltungsrichter zu „überweisen" gehabt, so darf dies nicht dahin ausgelegt werden, als ob die erstere dem letzteren die Streitakten ex officio zuzustellen gehabt hätte.

**) Daß sich das hier anzuwendende Verfahren mit dem schiedsrichterlichen Verfahren nicht vollständig deckt, hat das O.-V.-G. implicite anerkannt. (Entsch. Bd. VII. S. 58.)

oder

ob ein geringfügiger Kreisteil abgetrennt wird, welcher nach seiner Lage und den gesamten Lebens- und Verkehrsbeziehungen bereits einem anderen Kreise angehört, als dem, dessen Glied er rechtlich ist.*)

Im letzteren Falle wird durch die Grenzregulierung den thatsächlichen Verhältnissen nur die rechtliche Unterlage gegeben. Hier wird in der Regel und abgesehen von besonderen Verhältnissen jede Entschädigungsforderung aus dem bisherigen Rechtsverhältnis eine Unbilligkeit sein. Die Anerkennung solcher Forderung würde meistens nur die Bedeutung haben, einen anomalen Rechtszustand, der eben als solcher durch einen Akt der Gesetzgebung beseitigt ist, in seinen bisherigen rechtlichen Konsequenzen gleichwohl zu konservieren. Eine im öffentlichen Interesse als notwendiges Bedürfnis erkannte Bezirksveränderung kann niemals zu einem Entschädigungsanspruch — sei es der verkleinerten Korporation wegen Verminderung der Steuerkraft oder der vergrößerten wegen Vermehrung ihrer Bedürfnisse — führen, weil das Anerkenntnis der Notwendigkeit der Veränderung auf der Voraussetzung beruht, daß das bisherige rechtliche Verhältnis zwischen den beteiligten Korporationen und Grundstücken hinsichtlich der kommunalen Bedürfnisse und Pflichten ein unrichtiges war, welches eben durch die Veränderung den realen Verhältnissen entsprechend berichtigt werden soll.

Nr. 8.

Endurteil vom 27. Juni 1877 (Entsch. Bd. II. S. 15). Stammwerk S. 69.

Der § 4 der Kreisordnung vom 13. Dezember 1872 handelte von dem Ausscheiden der Städte, welche mit Ausschluß der aktiven Militärpersonen eine Einwohnerzahl von mindestens 25,000 Seelen haben und gegenwärtig einem Landkreise angehören, aus dem Landkreise behufs Bildung eines Stadtkreises.

Auch hier war am Schlusse gesagt, daß, wenn eine Einigung nicht zustande komme, über die Streitfrage das Verwaltungsgericht zu entscheiden habe.

Über diesen letzteren Punkt disponiert jetzt der letzte Absatz des § 4 der Kreisordnungsnovelle dahin, daß über die Auseinandersetzung der Bezirksrat beschließt, vorbehaltlich der den Beteiligten gegen einander zustehenden Klage bei dem Bezirksverwaltungsgerichte.

Die Folgen dieser Gesetzesabänderung sind hier dieselben wie in dem Falle des § 3 (cf. oben sub 1 und 2).

Dagegen besteht zwischen den §§ 3 und 4 der älteren und der neueren Kreisordnung insofern ein erheblicher Unterschied, als bei dem Ausscheiden von ländlichen Kreisteilen die Auseinandersetzung **nach** der Abtrennung, bei dem Ausscheiden von Städten behufs Bildung von Stadtkreisen die Auseinandersetzung **vor** der Abtrennung stattfindet, daß in dem ersteren Falle ein Gesetz, in dem letzteren Falle nur eine Erklärung des Ministers erforderlich ist. Es hat diese Ausnahmebestimmung den Zweck, den Städten, welche Neigung haben, sich in einen Stadtkreis umwandeln zu wollen, noch während der Auseinandersetzungs-Verhandlungen Gelegenheit zu geben, ihre Anträge zurückzuziehen, sofern sie zu der Überzeugung gelangen, daß ihnen die Selbständigkeit und die Unabhängigkeit von dem Landkreise zu kostspielig oder sonst wie unbequem wird. Neu ist in der Kreisordnungsnovelle die Bestimmung, daß durch Königliche Verordnung nach Anhörung des Provinziallandtages auch Städten

*) Dies sind die im Eingange gedachten minder wichtigen Fälle.

von geringerer Einwohnerzahl auf Grund besonderer Verhältnisse das Ausscheiden aus dem bisherigen und die Bildung eines eigenen Kreisverbandes gestattet werden könne.

Der Unterschied zwischen diesen Städten und solchen, welche bereits 25,000 Einwohner haben oder haben werden, ist also der, daß die letzteren ein Recht auf die Bildung eines Stadtkreises haben, dergestalt, daß die Erklärung des Ministers nur zur Konstatierung des bereits gesetzlich erfolgten Ausscheidens dient, daß dagegen den kleineren Städten ein derartiges **Recht nicht** zusteht.

In dem hier besprochenen Erkenntnisse ist ausgeführt: Die Chausseen werden vom Kreise, wie von der Provinz und bisher vom Staate lediglich zu öffentlichem Gebrauche im öffentlichen Verkehrsinteresse gebaut, und die Kreischausseen haben dementsprechend im wesentlichen auch den rechtlichen Charakter der Staatsstraßen, welche als öffentliche Sachen (res publicae) außer Verkehr sind. Ihrer Bestimmung gemäß sind sie also nicht Erwerbsquelle der Kreise, vielmehr belasten sie diese regelmäßig mit so hohen, durch die Unterhaltung bedingten Ausgaben, daß die Einnahmen aus den Nutzungen weit dagegen zurückbleiben. Hiernach können die Chausseen, obwohl sie im Eigentum der Kreise stehen, der Regel nach nicht als Aktivvermögen (cf. den § 4 der Kreisordnung) derselben zum Zwecke einer Vermögensauseinandersetzung, d. h. als Vermögensstücke in Betracht kommen, deren Nutzungen außer den Kosten ihrer Unterhaltung auch noch zur Befriedigung anderer Bedürfnisse des Kreises dienen und daher die Steuerlast der Kreiseingesessenen verringern (§§ 9 und 116 Nr. 3 der Kreisordnung). Das Eigentumsverhältnis an den Chausseen tritt hinter der Verbindlichkeit zu ihrer Unterhaltung völlig zurück, wie denn dementsprechend auch der § 18 des Dotationsgesetzes vom 8. Juli 1875 (G.=S. S. 497) den Provinzen an erster Stelle die Verwaltung und Unterhaltung der Staatschausseen überträgt und auf Grund dessen weiter bestimmt, daß mit der Unterhaltung zugleich das Eigentum an den Chausseen nebst allen Nutzungen und Pertinenzien übergehe. So wenig die Chausseen hiernach zu dem Aktivvermögen des Kreises gehören, ebensowenig gehören sie zu dem im § 4 diesem gegenüber gestellten Passivvermögen. Denn unter dem letzteren versteht man niemals die Ausgaben, welche das Besitztum des Einzelnen zu seiner Unterhaltung erfordert, sondern lediglich die dritten gegenüber eingegangenen vermögensrechtlichen Verbindlichkeiten, insbesondere also Kapitalschulden einschließlich der rechnungsmäßig zu kapitalisierenden Passivrenten. (Vergl. § 52 Titel 5 Teil II. A. G.=O., das Marginale bei §§ 522 ff. Titel 18 Teil II. A. L.=R.). Wollte man den Begriff „Passivvermögen" im weitesten Sinne fassen, so müßte man alle etatsmäßigen Ausgaben, z. B. auch die Gehälter der Kreisbeamten, dazu rechnen.

Wenn also eine Stadt aus einem Landkreise ausscheidet, so kann der letztere nicht unbedingt verlangen, daß die erstere zur Unterhaltung der Kreischausseen einen ferneren Beitrag leiste oder ein Abfindungskapital zu diesem Zweck hergebe. Ein solcher Anspruch würde nur in dem Falle geboten erscheinen, wenn eine Kreischaussee durch die städtische Feldmark in die Stadt hineinführte, oder wenn ein Netz von Kreischausseen die Interessen der Stadt in gleicher Weise förderte ohne gerade die Stadt oder ihre Feldmark zu berühren, wo also beispielsweise die Kreischaussee in eine Provinzial= (Staats=) Straße vor dem Eintritt der letzteren in den Stadtbezirk mündet. In solchen Fällen, in denen das Interesse der Stadt an der Unterhaltung der Kreischausseen, welche ihren Verkehr mit dem Kreise vermitteln, erwiesen ist, würde es dem Standpunkte der Gerechtigkeit und Billigkeit entsprechen, eine Auseinandersetzung vorzunehmen und dabei entsprechende Opfer von der Stadt zu verlangen. In erster Linie sind also in diesen Angelegenheiten die thatsächlichen Verhältnisse maßgebend.

Nr. 9.

Endurteile vom 27. Juni 1877 (Entsch. Band II. Seite 15) und vom 25. November 1880 (Entsch. Band VII. S. 61). Stammwerk S. 69 und 71.

Unter welchen Bedingungen Städte aus dem Verbande eines Landkreises zum Zwecke der Bildung eines Stadtkreises ausscheiden können, war schon in den beiden ersten Abschnitten im § 4 der Kreisordnung von 1872 bestimmt, die Novelle von 1881 hat in einem dritten Absatze diese Vorschriften noch erweitert.

Von einem Akte der Gesetzgebung ist dies Ausscheiden (im Gegensatz zu dem im § 3) nicht abhängig, Grund dafür ist, den Städten Gelegenheit zu geben, ihre Anträge zurückzuziehen, sofern sie noch während der Auseinandersetzung zu der Überzeugung gelangen, daß das Ausscheiden ihrem Interesse nicht entspricht. Die erforderliche Auseinandersetzung erfolgt also in diesem Falle „zuvor", während die Veränderung bestehender Kreisgrenzen durch Gesetz und die Auseinandersetzung „nachher" erfolgt.

Nr. 10.

Endurteil des II. Senats vom 6. Dezember 1879 (Entsch. Bd. VI. S. 9).

1) In Beziehung auf die Chausseebaulast stehen sich, was die rechtliche Seite anlangt, Altpommern und Neuvorpommern im allgemeinen gleich.

2) Wie auch sonst in der Monarchie, ist in beiden Landesteilen der Bau der Chausseen Sache der Freiwilligkeit; der Staat kann dazu weder Kommunalverbände noch Private zwingen, hat sich aber die Förderung des Baues von Kunststraßen teils durch Gewährung von Prämien, teils durch Verleihung der sogenannten fiskalischen Vorrechte angelegen sein lassen (vergl. Min.-Erl. vom 13. Juli 1882 — Min.-Bl. d. i. V. S. 224 —) und zugleich darauf Bedacht genommen, die künftige Unterhaltung der Chaussee dadurch sicher zu stellen, daß jene Bewilligungen gegen die ausdrückliche Verpflichtung des Bauunternehmers, die Chaussee stets in ordnungsmäßigem Stande zu erhalten, ausgesprochen sind.

3) Eine wesentliche Verschiedenheit findet aber zwischen Altpommern und Neuvorpommern statt, soweit es sich um die thatsächliche Gestaltung des Chausseebauwesens und insbesondere um die Frage handelt, von welchen Organen der Chausseebau der Hauptsache nach in die Hand genommen ist. Es darf als in der Notorietät beruhend betrachtet werden und wird in den Ministerialakten bestätigt, daß in Altpommern der Chausseebau seit langer Zeit eine der wesentlichsten Aufgaben der Kreisverbände gebildet hat und daß der Bau wie die Unterhaltung der Chausseen seitens der Kreise gegenüber den nur ganz vereinzelt vorkommenden Fällen, wo engere Verbände (Städte), Aktiengesellschaften oder Private als Bauunternehmer aufgetreten sind, die Regel ausmacht. Der Kreisverband stellt sich demnach als derjenige Organismus dar, welcher in Altpommern zunächst zur Fürsorge für den nichtfiskalischen Chausseebau berufen ist. Daß die Kreise dabei durch Prämienbewilligungen — früher von Seiten des Staats und des altpommerschen Kommunalverbandes, jetzt von Seiten des Provinzialverbandes — unterstützt sind und noch unterstützt werden, ändert hieran nichts.

4) Abweichend davon hat sich das Chausseebauwesen in Neuvorpommern entwickelt. Bis 1855 sind die Chausseen vom Kommunalverbande erbaut. Seitdem gilt als beschlossener Grundsatz, daß das Land, wenn einzelne Kreise alle wirklichen Kosten zu den von ihnen unter Zustimmung des Kommunallandtages beschlossenen und höheren Ortes genehmigten Chausseen aufbrächten, den Bau solcher Chausseen ausführt und die künftige Unterhaltung übernimmt, voraus-

gesetzt, daß dem Lande die Chausseegelderhebung und die sonstigen fiskalischen Vorrechte bewilligt würden. Dieser Beschluß ist vom Könige bestätigt und dabei bemerkt, es seien in Neuvorpommern die Chausseebauten bisher nicht wie in den übrigen Teilen Pommerns von den einzelnen Kreisen, sondern für Rechnung des neuvorpommerschen Kommunalverbandes ausgeführt. Hiernach kennt man in Neuvorpommern keine von den einzelnen Kreisen zu unterhaltende Chausseen; die Last, welche in Altpommern den Kreisen obliegt, trägt hier der Kommunalverband; die kommunalständischen Chausseen in Neuvorpommern stehen daher hinsichtlich der Unterhaltung mit den Kreischausseen in Altpommern auf gleicher Linie.

In dem hier zur Entscheidung stehenden Falle erachtete es das O.-V.-G. für **billig**, den Neuvorpommerschen Kommunalständen die Unterhaltungslast einer Chaussee in Folge der durch das Gesetz vom 9. Juni 1874 (G.-S. S. 242) eingetretenen Aenderung abzunehmen.

Nr. 11.

Endurteil des II. Senats vom 27. Mai 1886 (Entsch. Bd. XIII. S. 19).

1) Der § 3 der hannoverschen Kreisordnung stimmt überein mit den §§ 3 aller übrigen bisher erlassenen Kreisordnungen, die §§ 111—113 der hannoverschen Kreisordnung finden in der altländischen kein Vorbild, jedoch haben damit Ähnlichkeit die §§ 112 und 113 der hessen-nassauischen und der § 100 der westfälischen und der rheinischen Kreisordnung.

2) Die hannoverschen Amts-Sparkassen sind mit Einführung der Kreisordnung gemäß § 111 mit den hierauf bezüglichen Rechten und Pflichten des Amtsverbandes an sich auf den Kommunalverband des Kreises übergegangen und es hätte, sofern diese Folge ausgeschlossen werden sollte, einer ausdrücklichen Bestimmung bedurft, welche zufolge § 113 nur „bei der Auseinandersetzung", d. h. in dem gemäß § 112 nach den Vorschriften des § 3 zu bewirkenden Auseinandersetzungsverfahren getroffen werden konnte. Daß eine solche Ausnahme hinsichtlich der Sparkasse nicht einzutreten habe, ist das Verwaltungsgericht befugt, zu erkennen.

3) Während der § 3 nur von den Auseinandersetzungen zwischen den beteiligten „**Kreisen**" handelt, ist in dem § 112 von der Auseinandersetzung zwischen den verschiedenen „**Verbandsteilen**" die Rede. Die Bezugnahme des § 112 auf § 3 hat nur den Sinn, daß die in dem § 3 gegebenen Vorschriften über die Zuständigkeit der Behörden und die den Beteiligten gewährten Rechtsmittel Anwendung finden sollen. Im Übrigen werden im § 112 die Parteirollen dahin geregelt, daß dieselben die Verbandsteile zu übernehmen haben.

4) Der Übergang einer Amtssparkasse auf den Kreis erscheint dann nicht angezeigt, wenn dem Kreise eine Stadt angehört, welche eine eigene Sparkasse hat, welche mit einer nicht selten in der Stadt selbst domizilierten Amtssparkasse in Konkurrenz steht.

II.

Kreise.

D. Disziplinarsachen.

Nr. 5.

Endurteil vom 12. Januar 1878 (Entsch. Bd. III.. S. 47. Stammwerk S. 72.

1. Während früher der **Kreistag** darüber zu **befinden** hatte, ob der sich Weigernde als entschuldigt anzusehen sei und im Falle der Verneinung dieser Frage der **Kreisausschuß** über die gegen den Betreffenden zu verhängenden

Nachteile auf Klage des Kreistages (im Grunde genommen war dies eine Anklage) im Verwaltungsstreitverfahren zu entscheiden hatte, hat der Kreistag fortan sowohl über die Frage, ob die vorgebrachten Entschuldigungsgründe ausreichend sind, als auch über die Verhängung der Nachteile Beschluß zu fassen, und dem Betroffenen bleibt es lediglich überlassen, gegen diesen Beschluß seinerseits die Klage zu erheben. Damit hat das Verfahren den anstößigen Charakter eines Strafprozesses verloren (vergl. § 20 der Vormundschaftsordnung vom 5. Juli 1875), auch findet die Klage jetzt bei dem Bezirksausschusse statt, so daß der Kreisausschuß mit diesen Angelegenheiten nichts mehr zu thun hat.

2) Aus dem letzteren Grunde ist auch die in diesem Erkenntnisse getroffene Entscheidung über die Anwendbarkeit des § 13 des Zuständigkeitsgesetzes (später § 34a. des Verwaltungsgerichtsgesetzes, jetzt § 59 des L.-V.-G. vom 30. Juli 1883) auf den vorliegenden Fall nunmehr gegenstandslos geworden.

3) Demungeachtet bleiben aber noch folgende Sätze maßgebend:

Indem die Kreisordnung im weiten Umfange Geschäfte der allgemeinen Landesverwaltung den Kreisen und deren Gliedern (Amtsbezirken, Gemeinden, Gutsbezirken) zur Wahrnehmung durch deren Angehörige in den Ämtern des Kreises und nach Maßgabe dieses Ämter-Organismus übertrug, wurde an erster Stelle das allgemeine Staatsinteresse daran beteiligt, daß die Kreisangehörigen die Pflicht zur Übernahme und Führung jener im Kreise geordneten Ämter erfüllen. Daneben besteht ein entsprechendes Interesse der Kreiskorporation bezüglich der Verwaltung der wirtschaftlichen Angelegenheiten des Kreises. (Man unterscheidet eben die obrigkeitliche und die wirtschaftliche Selbstverwaltung.) Nirgends hat aber das Gesetz der Kreiskorporation als solcher ein klagbares Recht auf Übernahme und Führung von Kreisämtern seitens der Kreisangehörigen gegeben. Die einzige Kautel, mit welcher das Gesetz jene Interessen umgeben hat, ist das gemäß § 8 durchzuführende Verfahren.

(Der nunmehr folgende Satz, in welchem ausgeführt ist, daß es sich hier um ein „Strafverfahren" handle, in welchem ein Kreistagskommissarius das öffentliche Interesse vertrete, gleich dem Ankläger im ordentlichen Strafverfahren, ist — wie oben gezeigt — nicht mehr zutreffend; dagegen dürfte man sich wohl nicht mit Unrecht der Ansicht zuneigen, daß es sich jetzt um ein Verfahren handelt, welches dem im (hinsichtlich der Amtsvorsteher aufgehobenen) § 61 des Zuständigkeitsgesetzes von 1876 (§ 36 des Zust.-Gesetzes von 1883) beschriebenen analog ist, so daß die „verhängten Nachteile" mehr den Charakter von Ordnungsstrafen haben würden, obwohl gegen die Ordnungsstrafen des § 68 der Kreisordnungsnovelle nicht die Klage, sondern die Beschwerde gegeben ist. Hiernach würde sich das Parteienverhältnis dahin gestalten, daß dem Amtsverweigerer als Kläger ein nach § 44 des Verwaltungsgerichts-Gesetzes (§ 74 des L.-V.-G. von 1883) von dem Regierungspräsidenten ernannter Vertreter des öffentlichen Interesses als Beklagter gegenüber gestellt würde.)

4) Der Kreistag, welcher die Nachteile über den Amtsverweigerer durch Beschluß verhängt und dabei nur die maßgebenden konkreten Verhältnisse, welche lediglich thatsächlicher Natur sind, zu berücksichtigen hat, bildet ein judicium parium. Der Umstand, daß die von ihm verhängten Nachteile auch in der Erhöhung der Kreisabgaben auf einen gewissen Zeitraum bestehen können, läßt nicht die Rechtsauffassung zu, daß jenes Verfahren einen Verwaltungsstreit zwischen Kreiskommune und Kreisangehörigen wegen einer Kreisabgabenforderung in sich schließe, so wenig, wie etwa der Staatsfiskus um deswillen Partei im Strafverfahren und in dieser Eigenschaft vom öffentlichen Ankläger

vertreten wird, weil die zu verhängenden Kriminalstrafen in die Staatskasse fließen.

5. Der § 13 des Zuständigkeitsgesetzes (jetzt § 59 des L.-V.-G. v. 1883) würde demnach auf Fälle der vorliegenden Art niemals Anwendung finden können, selbst wenn der Kreisausschuß heute noch als Gerichtshof erster Instanz angesehen werden müßte.

6. Wenn Jemand erst in der Berufungsinstanz den Einwand erhebt, daß bei der Entscheidung des Kreisausschusses Personen mitgewirkt hätten, welche er hätte ablehnen dürfen und wenn er in erster Instanz gegen diese Mitglieder ein Ablehnungsgesuch nicht angebracht hat, auch jene Mitglieder, wie es wohl hätte geschehen sollen, sich ohne Anlaß eines Ablehnungsgesuchs der Teilnahme an der Entscheidung des Kreisausschusses nicht enthalten haben, so folgt doch hieraus keineswegs für den Berufungsrichter die Notwendigkeit, dies nachträglich zu prüfen, um event. die Sache zur nochmaligen Entscheidung in die erste Instanz zurückzuweisen.

Nr. 6.

Endurteil vom 23. Januar 1878 (Entsch. Bd. III. S. 55). Stammwerk S. 73, 74.

Nach Inhalt des vor dem 1. April 1881 geltenden § 69 des Zust.-Ges. von 1876 war der Landrat befugt und verpflichtet, Beschlüsse des Kreistages und der Kreiskommissionen, sowie die in Kommunalangelegenheiten des Kreises gefaßten Beschlüsse des Kreisausschusses, welche die Befugnisse desselben überschreiten oder die Gesetze verletzen, von Amts wegen oder auf Veranlassung der Aufsichtsbehörde mittelst Klage bei dem Bezirksverwaltungsgerichte mit aufschiebender Wirkung anzufechten.

Zur Ausführung ihrer Rechte konnten der Kreistag, der Kreisausschuß bezw. die betreffende Kommission einen besonderen Vertreter wählen.

An die Stelle dieser Bestimmung ist jetzt seit dem 1. April 1881 die Vorschrift im § 178 der Kreisordnungsnovelle (Hannover § 106, Hessen-Nassau § 107, Westfalen und Rheinprovinz § 94) getreten, welche von der obigen insofern abweicht, als der Landrat die qu. Beschlüsse nicht mehr anfechten, sondern nur noch beanstanden, d. h. die Ausführung derselben versagen bezw. untersagen darf, wobei es den genannten Kreisorganen überlassen bleibt, dagegen binnen zwei Wochen bei dem Bezirksausschusse zu klagen.

Ferner bestimmte der ebenfalls nicht mehr geltende § 18 des Zust.-Ges. von 1876, daß der Vorsitzende des Kreis-(Stadt-)Ausschusses befugt und verpflichtet sei, endgültige Beschlüsse des Kreis-(Stadt-)Ausschusses (als Verwaltungsbehörde in allgemeinen Landesangelegenheiten), welche dessen Befugnisse überschritten oder die Gesetze verletzten, mit aufschiebender Wirkung mittelst Klage bei dem Bezirksverwaltungsgerichte anzufechten. Der Kreis-(Stadt-)Ausschuß war befugt, zur Wahrnehmung der Rolle des Beklagten einen besonderen Vertreter zu stellen.

Diese Vorschriften sind in dem § 60 des Organisationsgesetzes vom 26. Juli 1876 (jetzt § 126 des L.-V.-G. von 1883) im wesentlichen aufrecht erhalten.

Drittens war in dem § 70 des Zust.-Ges. von 1876 in Verbindung mit § 61 Nr. 2 u. 3 a. a. O. bestimmt, daß über die Verhängung von Ordnungsstrafen gegen Kreisbeamte der Kreisausschuß zu beschließen hatte und daß gegen diesen Beschluß die Klage bei dem Bezirksverwaltungsgerichte stattfand; auch diese Vorschriften sind in den §§ 134 Nr. 3 (Hannover § 91, Hessen-Nassau § 92, Westfalen und Rheinprovinz § 79) und 68 der Kreisordnungsnovelle im wesentlichen (mit Ausnahme der hier nicht in Betracht kommenden Frist) nicht geändert.

Unter Anwendung der vorstehend gedachten modifizierten, aber damals noch vollständig geltenden Bestimmungen hatte ein Landrat den Beschluß eines Kreisausschusses, durch welchen über einen als Verwalter der Kreiskommunalkasse im Nebenamte beschäftigten Königlichen Kreissteuereinnehmer eine Ordnungsstrafe verhängt war, angefochten, was er — wie oben gezeigt — jetzt überhaupt nicht mehr gedurft hätte, da ihm nur noch ein Recht zur Beanstandung zusteht; das Oberverwaltungsgericht hielt aber auch damals schon die Anfechtungsklage für unzulässig, weil die Übung der Disziplin über die Kreisbeamten durch den Kreisausschuß zu den Kommunalangelegenheiten des Kreises im Sinne des § 69 des Zust.-Ges. von 1876 (mithin auch jetzt nach § 178 der Kreisordnungsnovelle) nicht gehöre.

Aber auch der § 18 des Zust.-Ges. (§ 60 des Organisationsgesetzes, jetzt § 126 des L.-V.-G. von 1883) erschien nicht anwendbar, weil der qu. Beschluß des Kreisausschusses nach § 61 Nr. 3 des Zust.-Ges. (jetzt § 68 der Novelle zur Kreisordnung) mit der Klage seitens des der Disziplin unterstehenden Beamten anfechtbar, also nicht endgültig war. Zur Begründung dieser Entscheidung ist noch bemerkt, daß die Handhabung des Disziplinarstrafrechts über die Kreisbeamten als mittelbare Staatsbeamten stets, auch wenn sie durch Organe der Kommune erfolgt, ein Akt der Staatshoheit ist und sich lediglich in Ausübung des Staatshoheitsrechtes vollzieht.

Die Anfechtungsklage des Landrats erschien mithin nicht zulässig, dasselbe würde jetzt hinsichtlich der Beanstandung zutreffen, und es kann in solchen Fällen dem betroffenen Beamten nur selbst überlassen bleiben, rechtzeitig zu klagen.

Nr. 7.

Endurteil des I. Senats vom 3. Mai 1879 (Entsch. Bd. V. S. 42). Stammwerk S. 74.

Von diesem Klagerechte (siehe den Schluß der vorhergehenden Nr. 6) hat derselbe Beamte demnächst Gebrauch gemacht, jedoch ohne den gehofften Erfolg. Denn der Umstand, daß er Königlicher Beamter und nur im Nebenamte Kommunalbeamter (Kreisbeamter) war, konnte ihn nicht schützen. Gegen gewisse Beamte steht die Übung der Disziplin je nach den verschiedenen Seiten ihrer amtlichen Thätigkeit auch verschiedenen Behörden zu. Durch die Übertragung und Übernahme der Verwaltung der Kreiskommunalkasse im Nebenamte wurde der Kläger immerhin Kreisbeamter und unterstand als solcher jener Disziplin, so lange er das Amt bekleidete.

E. Besondere Befugnisse der Kreisorgane.

Nr. 6.

Endurteil des II. Senats vom 3. Januar 1881 (Entsch. Bd. VII. S. 88). Stammwerk S. 78. (Einzuschalten daselbst S. 79.)

Die baren Auslagen eines auf Grund des § 69 des Zust.-Ges. von 1876 (jetzt § 178 der Kr.-O.-N., Hannover § 106, Hessen-N. § 107, Westfalen und Rheinprovinz § 94) durchgeführten Verfahrens fallen, wenn der Landrat unterliegt, diesem und nicht dem Kreiskommunalverbande zur Last. Der Landrat schreitet in diesen Fällen ein als staatliche Aufsichtsbehörde, nicht als Organ des Kreiskommunalverbandes.

Nr. 7.

Endurteil vom 5. April 1880 (Entsch. Bd. VI. S. 52.) Stammwerk S. 77.

Der Landrat ist zur Anfechtung eines Kreisausschußbeschlusses auch dann noch befugt, nachdem bereits die Ausführung des Beschlusses stattgefunden hat. Der § 69 des Zust.=Ges. (§ 178 der K.=O.=N. siehe vorstehend Nr. 6) ist nicht zu verwechseln mit dem § 18 des Zust.=Ges. (§ 60 des Organisationsgesetzes vom 26. Juli 1880, jetzt § 126 des L.=V.=G. vom 30. Juli 1883) welcher übrigens noch immer von der Anfechtung und nicht von der Beanstandung spricht, denn der letztere betrifft nur solche Beschlüsse, welche von dem Kreisausschusse als Verwaltungsbehörde in allgemeinen Landesangelegenheiten gefaßt sind. Die Bestimmung, daß die Anfechtung bezw. Beanstandung „aufschiebende Wirkung“ haben soll, kann nur dahin aufgefaßt werden, daß die Ausführung, wenn sie noch nicht erfolgt ist, bis nach ausgemachter Sache zu unterbleiben hat. Solches besonders auszusprechen, lag insofern nahe, als andernfalls leicht der Zweifel entstehen konnte, ob dem außerordentlichen Rechtsmittel der Anfechtung (auch der Beanstandung) Suspensiveffekt zukomme. An eine Frist ist die Anfechtung nicht gebunden.

Nr. 8.

Endurteil des II. Senats vom 5. April 1880 (Entsch. Bd. VI. S. 52). Stammwerk S. 77.

Die Kreisorgane sind befugt, den Inhabern der von ihnen eingerichteten Kreisämter eine die Stellung derselben ausdrückende Bezeichnung — einen Amtstitel im weitern Sinne — beizulegen. Auf diese Weise kann z. B. ein Maurermeister zum Kreisbauinspektor avancieren.

F. Zwangsetatisierungen.

Nr. 3.

Endurteil des II. Senats vom 6. März 1882 (Entsch. Band VIII. S. 49). Stammwerk S. 80.

Voraussetzung des dem Regierungspräsidenten durch § 180 der Kreisordnungsnovelle eingeräumten Rechtes zur Zwangsetatisierung ist, daß der Kreis eine ihm gesetzlich obliegende, von der Behörde innerhalb der Grenzen ihrer Zuständigkeit festgestellte Leistung auf den Haushalt zu bringen oder außerordentlich zu genehmigen unterläßt oder verweigert, es ermächtigt aber nicht blos eine ausdrückliche „Weigerung“, sondern auch ein einfaches „Unterlassen“ von seiten des Kreises die Aufsichtsbehörde zum Einschreiten. Dabei genügt es, wenn die Forderungen an den Kreisausschuß, als das Verwaltungsorgan des Kreises, gerichtet und diesem die weiteren Schritte überlassen werden; der Kreisausschuß trägt die Verantwortung für etwaige Versäumnisse. Freilich muß den zuständigen Organen des Kreises die Möglichkeit einer Entschließung gelassen werden; es muß ein gewisser Zeitraum zwischen Feststellung der Leistung und Zwangsetatisierung freibleiben. Das Gesetz bestimmt über diesen Zeitraum nichts. Unzweifelhaft können aber die Feststellung und die Anordnung der Eintragung in den Etat nicht mit einander verbunden werden.

Wird gegen eine in Gemäßheit des § 180 a. a. O. erlassene Verfügung Klage erhoben, so hat der Verwaltungsrichter auch darüber zu befinden, ob der

Kreis zu der ihm angesonnenen Leistung gesetzlich verpflichtet ist und ob die Behörde bei ihrer Feststellung sich innerhalb der Grenzen ihrer Zuständigkeit gehalten hat. In dieser Beziehung ist zu beachten: Das Einschreiten der Aufsichtsbehörde erfordert stets, daß ein von der Behörde wahrzunehmendes öffentliches Interesse obwaltet. Ein solches kann zwar in dem Umstande gefunden werden, daß von der Aufsichtsbehörde die bestimmungsmäßige Verwendung der den Kommunalverbänden vom Staate gegebenen Dotationsmittel zu überwachen ist, allein keinesfalls kann die staatliche Aufsicht in dieser Beziehung soweit reichen, daß den Kommunalverbänden die Verwendung jener Mittel im einzelnen vorgeschrieben werden dürfte, damit wäre der Begriff der Selbstverwaltung unvereinbar.

Anderseits können unter den im § 22 des Dotationsgesetzes vom 8. Juli 1875 gedachten Verpflichtungen nur rechtliche Verpflichtungen verstanden werden, also solche, welchen rechtliche Ansprüche, z. B. der Chausseeaufseher (s. diese) an den Staat gegenüber stehen. Der Ausdruck „sämtliche" Verpflichtungen steht dieser Auffassung nicht entgegen.

Nr. 4.

Endurteil vom 3. Februar 1886 (Entsch. Bd. XIII. S. 58).

1) Für das Verfahren bei Vermessungen behufs der Grundsteuerbücher und Karten sind die Bestimmungen der auf Grund des Gesetzes vom 21. Mai 1861 (G.=S. S. 253) und des Gesetzes vom 8. Februar 1867 (G.=S. S. 185) von dem Finanzminister erlassenen Anweisung II vom 31. März 1877 (Min.=Bl. d. i. V. S. 212) maßgebend. Nach § 54 dieser Anweisung steht gegen die von dem Regierungspräsidenten erfolgte Festsetzung der Vermessungsgebühren den beteiligten Grundeigentümern binnen einer Präklusivfrist von 4 Wochen, vom Empfang der Mitteilung über die erfolgte Festsetzung an gerechnet, der Rekurs an das Finanzministerium offen. Gegen die Entscheidung des letzteren findet eine Berufung nicht statt.

Werden gegen einen Kreis derartige Kosten festgesetzt und versäumt er das angegebene Rechtsmittel, so muß er bezahlen, selbst wenn die streitigen Leistungen zu denen nicht gehören, welche festzustellen der Regierungspräsident zuständig ist.

2) Eine Nachprüfung der Entscheidungen anderer Behörden, welche dazu berufen sind, in besonders geregeltem Verfahren die dem Einzelnen oder den Korporationen gesetzlich obliegenden Leistungen festzustellen, steht dem Oberverwaltungsgericht auf Grund des § 180 (Hannover § 108, Hessen=N. § 109, Westf. und Rheinpr. § 96) der Kreisordnung nicht zu. (Stammwerk S. 173).

3) Das Oberverwaltungsgericht hat sich bei derartig festgesetzten Leistungen auf diejenigen Rechtsfragen zu beschränken, welche für die Zwangsvollstreckung allein, im Gegensatze zur Feststellung der Verpflichtung, maßgebend sind. In dieser Beziehung unterliegt es keinem Zweifel, daß die endgültig festgesetzten Fortschreibungsgebühren im Wege der Administrativ=Exekution beigetrieben werden können. Siehe § 1 Nr. 2 der V. vom 30. Juli 1853 (G.=S. S. 909). — Diese Verordnung gilt aber nicht im ganzen preußischen Staate; vgl. Crux, Verwaltungszwangsverfahren S. 146, 147; Hagen i. W. 1885.

4) Es liegt im öffentlichen Interesse, daß Korporationen wie Privatpersonen ihren rechtsgültig festgestellten Verpflichtungen nachkommen und dazu erforderlichen Falles zwangsweise angehalten werden.

Nr. 5.

Endurteil des I. Senats vom 12. März 1887 (Entsch. Bd. XIV. S. 14).

1) Die Kosten des Druckes der Vorschriften, welche von den Ärzten bei der Ausführung des Impfgeschäftes zu befolgen sind, fallen dem Kreise zur Last. (Reichs-Impf-Ges. vom 8. April 1874 — R.-G.-Bl. S. 65, — preußisches Ausführungsgesetz vom 12. April 1875 — G.-S. S. 191, — Min.-Erlaß vom 6. April 1886 — Min.-Bl. d. i. V. S. 52).

2) Dasselbe gilt von dem Druck der Verhaltungsvorschriften für die Angehörigen der Impflinge. (Belehrungen u. s. w.).

3) Dagegen fallen die Druckkosten der Vorschriften, welche von den Ortspolizeibehörden bei der Ausführung des Impfgeschäfts zu befolgen sind, nicht den Kreisen zur Last, denn dies sind Kosten, welche den Staatsbehörden erwachsen.

Nr. 6.

Endurteil des I. Senats vom 2. Oktober 1886 (Entsch. Bd. XIV. S. 20).

1) Über Hebeammenbezirke (vgl. das Stammwerk S. 150 Nr. 7 und 157 Nr. 20). Das daselbst erwähnte Gesetz vom 28. Mai 1875 (G.-S. S. 223) legt den Kreisen in § 3 die Verpflichtung auf zur Unterstützung derjenigen Hebeammenbezirke, welche die Mittel zur Ausbildung, Besoldung oder Unterstützung einer Bezirkshebeamme zu leisten außer Stande sind. Auf Grund dieser Vorschrift können von den Kreisverbänden niemals Unterstützungen für solche Hebeammenbezirke gefordert werden, welche zur Besoldung u. s. w. einer Bezirkshebeamme im Stande sind, es aber ablehnen, eine solche zu gewähren.

2) Dem Übelstande, daß in solchen solventen aber ablehnenden Hebeammenbezirken die Hebeammen auf die Liberalität der Eingesessenen des betreffenden Bezirks angewiesen sind, kann nicht durch behördliche Verfügungen, sondern nur im Wege der freien statutarischen Regelung abgeholfen werden. Solche Statuten bedürfen nach §§ 20, 116, 176 der Kreisordnung (Hannover §§ 73 und 103, Hessen-N. §§ 74 und 104, Westfalen und Rheinprovinz §§ 61 und 91) der Bestätigung des Bezirksausschusses und der Allerhöchsten Genehmigung.

III.

Städte.

A. Städtische Gemeindeabgaben.

(Einzuschalten auf S. 91 des Stammwerkes.)

Nr. 23.

Endurteil des II. Senats vom 2. November 1885 (Entsch. Band XIII. S. 83).

1) Der § 13 der Reichs-Gewerbe-Ordnung ändert den § 5 Nr. 4b der Städteordnung vom 30. Mai 1853 (G.-S. S. 261) dahin ab, daß der Gewerbtreibende nach Ablauf von drei Jahren seit begonnenem Gewerbebetriebe das Bürgerrecht auf Verlangen der Gemeindebehörde erwerben muß, in diesem Falle aber das sonst vorgeschriebene oder übliche Bürgerrechtsgeld nicht zu zahlen hat. (Vergl. auch die ähnlichen Bestimmungen in den übrigen Städteordnungen, Parey, Verwaltungsrecht.) Der Gewerbebetrieb als solcher führt daher nicht mehr ohne Weiteres den Erwerb des Bürgerrechts herbei.

2) Abgesehen von dem Falle, wo etwa der Gewerbetreibende selbst die Aufnahme als Bürger beanspruchen sollte, tritt der Erwerb auf Grund des Gewerbebetriebes nur auf Verlangen der Gemeindebehörde ein.

3) Wird ein derartiges Verlangen nicht gestellt, so unterbleibt der Erwerb des Bürgerrechts; in Folge dessen steht aber nichts entgegen, daß der Gewerbetreibende beim Zusammentreffen der sonstigen, im § 5 aufgestellten Erfordernisse, von denen die unter Nr. 4 a. — d. aufgeführten alternativ neben einander gestellt sind, namentlich also bei dem Besitze eines Wohnhauses oder bei einer Veranlagung zur klassifizierten Einkommensteuer oder bei Entrichtung eines Klassensteuerbetrages von mindestens sechs Mark das Bürgerrecht von selbst erwirbt. Sein Gewerbebetrieb bleibt hierfür ohne Einfluß.

4) Ebenso wie der Gewerbetreibende vor Ablauf der drei Jahre (§ 13 der Reichsgewerbeordnung) beim Vorhandensein der sonstigen gesetzlichen Voraussetzungen Bürger wird, geschieht dies auch nach Ablauf der drei Jahre.

Ausgeschlossen würde dies nur in dem Falle sein, wenn er bereits auf Grund des Gewerbebetriebes das Bürgerrecht erworben hätte.

5) Hat er dagegen das Bürgerrecht noch nicht erlangt, so ist nicht abzusehen, weshalb der in den Bestimmungen der Städteordnung vorgesehene, sich von selbst vollziehende Eintritt in das Bürgerrecht blos um deswillen unterbleiben sollte, weil der Betreffende zugleich das Gewerbe betreibt. Der Ministerialerlaß vom 27. August 1872 (Min.=Bl. d. i. V. S. 224) steht dieser Auffassung nicht entgegen.

6) Nach § 9 des Gesetzes vom 14. Mai 1860 (G.=S. S. 237) verjähren nicht zur Hebung gestellte Bürgerrechtsgelder zwei Jahre nach Ablauf desjenigen Jahres, in welchem die Zahlungsverbindlichkeit entstanden ist. Hat also Jemand 1882 das Bürgerrecht erworben, so kann das Bürgerrechtsgeld noch im Laufe des Jahres 1884 von ihm gefordert werden.

Nr. 24.

Endurteil des I. Senats vom 26. Mai 1886 (Entsch. Bd. XIII. S. 87).

Der § 13 der Reichsgewerbeordnung hat nur für Gewerbtreibende hinsichtlich des Bürgerrechtsgeldes eine Ausnahmebestimmung getroffen, nicht auch für Hausbesitzer.

Nr. 25.

Endurteil des II. Senats vom 29. März 1886 (Entsch. Bd. XIII. S. 111).

Eine blödsinnige Person, welche auf Anordnung des Vormundes in einer Stadt untergebracht ist und sich dort länger als drei Monate aufhält, kann zu den städtischen Kommunallasten herangezogen werden. Auf den „Zweck“ des Aufenthaltes kommt es dabei nicht an.
(Vormundschaftsordnung vom 5. Juli 1875 — G.=S. S. 431 — §§ 27, 29, 54, 55, 83, vergl. den Kommentar von A. Hesse, Berlin 1879; § 8 des Freizügigkeitsgesetzes vom 1. November 1867 — B.=G.=Bl. S. 55 — § 8; A. L.=R. I. 4, §§ 21—26, 5, § 10. Vergl. auch Stammwerk S. 116, Nr. 24.)

Nr. 26.

Endurteil des II. Senats vom 18. Februar 1886 (Entsch. Bd. XIII. S. 116).

1) Wo die thatsächliche Anwesenheit an einem Orte auf „physischen Zwang“ oder auf sonstige Einwirkungen zurückzuführen ist, welche die freie Willensbestimmung des Individuums überhaupt ausschließen, da können recht=

liche, durch das Gesetz mit dem „Neuanziehen" verknüpfte Wirkungen nicht eintreten. Wer aber zufolge freier Entschließung Verhältnisse eingeht, welche ihm, so lange er in denselben verbleiben will, ein gewisses Verhalten auch in Ansehung des Wohnens und Verweilens an einem Orte zur Pflicht machen, der handelt, sofern er dieser bewußtermaßen übernommenen Pflicht nachkommt, nicht unter dem Drucke einer seinen freien Willen außer Funktion setzenden Nötigung, sondern thut nur, was er beim Eintritte in jene Verhältnisse gewollt hat und auch ferner will.

2) Deshalb bestimmt auch der § 26 des Reichsgesetzes vom 6. Juni 1870, daß die Anstellung oder Versetzung eines Geistlichen, Lehrers, öffentlichen oder Privatbeamten nicht als ein die freie Selbstbestimmung bei der Wahl des Aufenthaltes ausschließender Umstand gelte. Dieser Satz findet beispielsweise volle Anwendung auf einen bei einer Provinzialregierung angestellten Rat, welcher behufs kommissarischer Beschäftigung bei einem Ministerium nach Berlin berufen wird und sich hier zu diesem Zwecke länger als 3 Monate aufhält.

3) Dem § 8 des Freizügigkeitsgesetzes vom 1. November 1867 liegt der Gedanke zu Grunde, daß, wer thatsächlich die Benefizien eines Gemeinwesens genießt, sich auch an dessen Lasten beteiligen muß. Deshalb ist auch der Neuanziehende gleich den übrigen Gemeinde-Einwohnern zu den Gemeindelasten heranzuziehen, und das Gesetz macht nur die Ausnahme von der selbstverständlichen Regel, daß der Neuanziehende freibleibt, wenn der Aufenthalt den Zeitraum von 3 Monaten nicht übersteigt. Bei einem so kurzen Aufenthalte erscheint es nicht billig und in mancher Hinsicht mißlich, den Neuanziehenden den Gemeindelasten zu unterwerfen.

4) In Preußen ist landesgesetzlich den Zivilstaatsdienern bezüglich ihres Privatvermögens — nur solches stand hier in Frage (cf. Nr. 27) — ein Vorzug irgend welcher Art bei der Kommunalbesteuerung nicht gewährt (§ 7 des Gesetzes vom 11. Juli 1822, Gesetz vom 23. September 1867 — G.-S. S. 1648).

5) Eine ein für allemal geltende Begriffsbestimmung für den Wohnsitz giebt es nicht, eine solche ist auch nicht in der Vorschrift des § 1 des Gesetzes vom 13. Mai 1870 wegen Beseitigung der Doppelbesteuerung (B.-G.-Bl. S. 119) zu finden.

6) Ein Staatsdiener kann neben seinem Dienstdomizil zugleich einen zweiten Wohnsitz mit privatrechtlichen und öffentlich rechtlichen Wirkungen an dem Orte seiner kommissarischen Beschäftigung begründen. Vergl. das Stammwerk S. 3 Nr. 4 und den daselbst in Bezug genommenen § 12 des Gesetzes vom 27. Juli 1885 (G.-S. S. 327).

7) Ein Beamter, welcher seit Jahren in der Stadt, wo er kommissarisch beschäftigt wird, thatsächlich wohnt, daselbst mit seiner Familie in einer eingerichteten Wirtschaft lebt, nach Aufgabe seiner Wohnung in dem Dienstdomizil eine solche an einem andern Orte als in dem neuen Aufenthalt überhaupt nicht besitzt, hier den Mittelpunkt seiner effektiven amtlichen Thätigkeit hat, mit den Seinen die Jedermann zugänglichen Einrichtungen des Gemeinwesens ausnutzt, hat sicherlich einen Wohnsitz, durch welchen er verpflichtet wird, städtische Abgaben zu bezahlen.

Nr. 27.

Endurteil vom 9. Februar 1885
(Wochenschrift „Selbstverwaltung", Jahrgang XII. S. 99, vergl. auch die Anmerkung unter dem Text im Jahrgang XIII. S. 120 der Entscheidungen).

1) Dieser Fall ist dem in der vorhergehenden Nr. 26 beschriebenen sehr ähnlich, nur handelte es sich hier nicht um die Besteuerung des Privatver-

mögens eines in Berlin bei einem Ministerium kommissarisch beschäftigten Beamten, auch nicht um die Besteuerung des Gehaltes, sondern um die Besteuerung von 12 Mk. fortlaufender Diäten. Diese letzteren konnten aber nicht besteuert werden, denn dieselben charakterisieren sich als eine Dienstaufwandsentschädigung für Mehrausgaben in dem (kostspieligen) Berlin, weshalb sie auch nach § 30 Abs. 5 des Gesetzes vom 1. Mai 1851 von jeder Staatssteuer und folgerecht nach § 3 a. des Berliner Steuer-Regulativs vom 29. September 1874 von jeder Kommunalsteuer frei bleiben müssen.

2) Die dienstlichen Emolumente, welche als Ersatz barer Auslagen dienen (§ 10 d. des Gesetzes vom 11. Juli 1822, Ges. vom 23. September 1867 — G.-S. S. 1648 —) sind im wesentlichen identisch mit solchen Bezügen, welche das Gesetz vom 1. Mai 1851 als Dienstaufwandsentschädigungen bezeichnet.

Nr. 28.

Endurteil des II. Senats vom 28. Januar 1886 (Entsch. Band XIII. S. 123.)

1) Zwischen den etatsmäßig angestellten Beamten und den außerordentlichen und einstweiligen Gehilfen im Sinne des § 11 des Gesetzes vom 11. Juli 1822 giebt es eine zahlreiche Klasse von im Staatsdienste beschäftigten Personen, welchen die Staatsdiener-Eigenschaft zweifellos zukommt, und welche in den Staatsdienst eben dadurch eintreten, daß ihnen die Verwaltung eines Staatsamtes, wenngleich ohne etatsmäßige Anstellung, übertragen wird. Ob nun im einzelnen Falle eine Aufnahme in den Staatsdienst erfolgt ist, oder ob der Betreffende von den Staatsbehörden lediglich in einer privaten Stellung beschäftigt wird, das entscheidet sich, sofern darüber keine gesetzlichen Bestimmungen ergangen sind, entweder nach der bei der Annahme speziell getroffenen Regelung (Engagementsverhandlung) oder nach der Dienstpragmatik, d. h. nach den etwa von zuständiger Seite für die einzelnen Zweige der Staatsverwaltung ausdrücklich vorgeschriebenen Normen oder in Ermangelung derselben nach dem bestehenden Herkommen. Allgemein gültige feste Merkmale, aus welchen auf die Eigenschaft eines preußischen Staatsbeamten geschlossen werden könnte, giebt es nicht.

2) Die in der Staats-Eisenbahn-Verwaltung beschäftigten Regierungsbaumeister sind als Staatsdiener zu betrachten und zu behandeln, jedenfalls erlangen sie diese Eigenschaft, wenn sie nicht schon an sich Staatsdiener sein sollten, mit dem Eintritt in die Staats-Eisenbahn-Verwaltung.

3) Es giebt eine erhebliche Anzahl von Staatsdienern, welche nach § 2 des Gesetzes vom 27. März 1872 (G.-S. S. 268) nicht pensionsfähig sind und welche auch keine Witwen- und Waisenbeiträge bezahlen (Ges. vom 20. Mai 1882, G.-S. S. 298), es können also diese Gesetze Kriterien für die Beamtenqualität nicht abgeben.

Nr. 29.

Endurteil des II. Senats vom 12. Oktober 1886 (Entsch. Band XIII.. S. 128.)

1) Ein bei einem Eisenbahn-Betriebsamte im technischen Büreau gegen monatliche fixierte Remuneration beschäftigter Regierungs-Bauführer ist ein Staatsbeamter im Sinne des Gesetzes vom 11. Juli 1822 und vom 23. September 1867 (G.-S. S. 1648), auch wenn ihm diese Stelle nicht von dem Minister

der öffentlichen Arbeiten, sondern von dem Eisenbahn-Betriebsamte angeboten worden, und er zu derselben berufen ist, und wenn sein Name auch in dem Verzeichnisse der angestellten Beamten fehlt, welches nach einer Anweisung des Ministers des Innern periodisch der Steuerbehörde mitgeteilt wird.

2) Der Umstand, daß ein Amt nur vorübergehend angenommen wird, schließt an sich den Begriff eines Staatsdienstes nicht aus.

Nr. 30.

Endurteil des II. Senats vom 26. Februar 1885 (Entsch. Bd. XIII. S. 135) und vom 26. Oktober 1885 (a. a. O. S. 139).

1) Wenn auch Niemand Staatsbeamter werden kann ohne das Vorhandensein einer hierauf gerichteten Willensäußerung des Staates, so folgt doch weder aus positiven landesgesetzlichen Vorschriften, noch aus allgemeinen gesetzlichen Grundsätzen, daß jener Wille sich notwendig in der Gestalt eines besonderen „Anstellungsdekretes" der Staatsregierung zu äußern habe, es überall und ausnahmslos eines solchen besonderen Dekretes als der einzigen unerläßlichen Form für die Anstellung der Staatsbeamten bedürfte.

2) Im Staats-Eisenbahndienste ist ausdrücklich die Anstellung der Beamten mittels Dienstvertrages (Engagementsvertrages) im Gegensatze zu der Anstellung mittels Verleihung einer etatsmäßigen Beamtenstelle (Anstellungsverfügung) vorgesehen. (Allerhöchst genehmigte Bestimmungen vom 24. November 1879).

3) Deshalb kommt den bei der Ausführung von Staats-Eisenbahnbauten zufolge eines Engagementsvertrages in dem bautechnischen Büreau einer Eisenbahn-Direktion dauernd gegen fixierte Diäten beschäftigten, durch einen besonderen Akt als Staatsbeamte angestellten Bau-Assistenten die Eigenschaft als Staatsdiener zu, wobei es nicht in's Gewicht fällt, daß diese Angestellten bei Dienstvernachlässigungen u. s. w. sofort entlassen oder mit Geldstrafen belegt werden können.

4) Dagegen ist der Ministerialerlaß vom 16. Oktober 1877 (Eisenbahn-Verordnungsblatt 1878 S. 9) nicht dahin auszulegen, daß ein dauernd angenommener Hilfsarbeiter schon unmittelbar mit der Bewilligung einer periodisch bemessenen, fixierten Remuneration die Staatsdiener-Eigenschaft erwerbe, vielmehr muß die Beamten-Eigenschaft auch noch in irgend einer, gesetzlich nicht feststehenden Form durch einen besonderen Akt „verliehen" werden. Dazu genügt auch nicht der Abschluß eines Dienst- oder Engagementsvertrages, denn mittels derartiger Verträge wird bei der Staatseisenbahn-Verwaltung ein zahlreiches Beamtenpersonal angenommen, welches lediglich in einem privatrechtlichen Kontraktsverhältnisse steht.

5) Bei dem Worte „beilegen" in dem Erlaß vom 16. Oktober 1877 ist offenbar auf irgend einen Akt der Behörde hingewiesen, wie denn auch schon nach allgemeinen Grundsätzen die Verleihung der Beamteneigenschaft sich niemals von selbst und ohne einen nach außen hervortretenden Akt der Behörde, welcher die Absicht der Aufnahme in den Staatsdienst „zum Ausdruck bringt," vollzieht. Als ein solcher „Akt" kann insbesondere die Vereidigung als Beamter angesehen werden, die Vollziehung der behördlichen Anstellungs-Absichten kann aber auch in irgend einer anderen Form in die Erscheinung treten. Hiernach entscheidet sich die Frage, inwieweit den bei der Ausführung von Staats-Eisenbahnbauten beschäftigten Hülfsarbeitern im Sinne des Gesetzes vom 11. Juli 1822 oder vom 23. September 1867 (G.-S. S. 1648) die Eigenschaft als Staatsdiener zukommt.

Nr. 31.

Endurteile des II. Senats vom 28. Juni 1886 (Entsch. Band XIII. Seite 144), vom 13. April 1885 (a. a. O. S. 149) und vom 18. Januar 1886 (a. a. O. S. 151).

1) Einer Pferdebahn-Aktiengesellschaft war von der betreffenden städtischen Gemeinde das Recht eingeräumt worden, die Straßen der Stadt für diese Anlage bis zum Jahre 1906 zu benutzen, dann aber die Pflicht auferlegt, die gesamte Anlage der Stadt für einen Preis zu überlassen, welcher um 300,000 M. hinter dem von der Gesellschaft aufgewendeten Anlagekapital zurückblieb. Um diesen Fonds bis 1906 zu sammeln, beschloß die Gesellschaft eine jährliche Rücklage von den Einnahmen im Betrage von 5,567 Mk. festzulegen. Mit diesen Rücklagen zog der Magistrat demnächst die Gesellschaft zu den Kommunallasten heran und außerdem von den in den Bilanzen als Gratifikation für die Beamten mit durchschnittlich 5166 Mk. aufgeführten Summe. Wegen beider Posten wurde die Pferdebahn-Gesellschaft für kommunalsteuerpflichtig erachtet.

2) Die Rücklagen charakterisieren sich ihrem Wesen nach als Ansammlungen aus dem Gewinne zur Begleichung einer Debetpost, für deren Steuerfreiheit ein Rechtsgrund nicht besteht, auch handelt es sich bei diesen Rücklagen weder um Absetzung für jährliche Abnutzung von Gebäuden u. s. w., noch um Ausgaben behufs Fortführung des Gewerbes. (Gesetz vom 1. Mai 1851 und 25. Mai 1873, § 19 der Instruktion vom 3. Januar 1877 — Minist.-Bl. d. i. V. S. 44 —).

3) Die Gratifikationen tragen im vorliegenden Falle nicht den Charakter einer fortlaufenden Schuldverbindlichkeit an sich; die Gesellschaft ist dazu rechtlich nicht verpflichtet, und die Beamten haben keinen rechtlichen Anspruch auf dieselben. Diese Ausgaben gehören mithin nicht zu den zur Erzielung des Ertrages „erforderlichen" Aufwendungen im Sinne des § 19a der Instruktion vom 3. Januar 1877, auch kann die Generalversammlung, welche über die Gewährung dieser Gratifikationen zu befinden hat, bei ungünstiger Geschäftslage oder aus sonstigen, lediglich ihrem Ermessen anheim gegebenen Gründen von der Gewährung solcher Anlagen gänzlich absehen.

4) Die Berechnung des Einkommens folgt bei physischen und bei juristischen Personen denselben Normen, sofern nicht die Kommunal-Einkommensteuer-Regulative Abweichungen von diesem Grundsatze zulassen.

5) Auf der einen Seite richtet sich die Anrechnung von Einnahmen, auf der andern die Abrechnung von Ausgaben gleichmäßig nach der rechtlichen Befugnis zum Bezuge der Einnahmen bezw. nach der rechtlichen Verpflichtung zur Leistung der Ausgaben.

6) Einnahmen, welche bei dem Empfänger steuerfrei bleiben müssen, können beim Geber nicht als abzugsfähige Ausgaben behandelt werden. Da die den Beamten ohne Rechtsgrund gewährten Gratifikationen denselben bei Berechnung ihres steuerpflichtigen Einkommens weder für die Staats- noch für die Gemeindesteuer in Ansatz gebracht werden dürfen, so müssen auch die aus den laufenden Einnahmen der Gesellschaft gewährten Gratifikationen seitens der Gesellschaft mit versteuert werden.

7) Der vorhergehende Rechtsgrundsatz (6) ist nur anwendbar, soweit es sich um Ausgaben handelt, welche bei dem Empfänger als steuerpflichtiges Einkommen erscheinen können. Deshalb paßt eine Hereinziehung der Beihilfen, welche an Feuerwehren u. s. w. gegeben werden oder der Brandentschädigungen, welche angeblich ohne rechtliche Verpflichtung gezahlt werden, von vornherein nicht.

8) Die Regeln, welche für die Aufstellung der Bilanz und die Berechnung der Dividende in den Gesellschaftsstatuten gegeben sind, können die aus den Gesetzen zu entnehmenden Normen über die Feststellung des steuerpflichtigen Einkommens nicht abändern.

9) Es mag sein, daß die Zahlung von Gratifikationen (ebenso ist es bei den Trinkgeldern) an die Beamten auf jahrelangem Herkommen beruht, welches sich gleichmäßig bei fast allen ähnlichen Gesellschaften vorfindet und die Gesellschaft nötigt, ihren Angestellten alljährlich mehr oder weniger feststehende Summen zu zahlen, auch mag der wirtschaftliche Gesichtspunkt zutreffend sein, welcher die Gratifikationen als eine Gegenleistung für besonders eifrige Thätigkeit der Beamten und folglich als Unkosten der Gesellschaft zur Fortführung des Gewerbes im bisherigen Umfange erscheinen läßt, allein in letzterer Beziehung muß doch die Praxis hinter der Auffassung des Verhältnisses, wie sie durch die Steuergesetzgebung geboten wird, notwendig zurücktreten, und in ersterer Beziehung kommt es nicht darauf an, welche Beträge dem Gratifikationsfonds zugeführt, sondern welche Summen den Beamten in den betreffenden Jahren wirklich gezahlt sind.

Nr. 32.

Endurteil des II. Senats vom 21. Januar 1886 (Entsch. Bd. XIII. S. 154.)

1) Unter „Agiogewinn" (siehe das Stammwerk S. 88) versteht man den Überschuß des Emissionskurses über den Nominalwert von neuen (jungen) Aktien. Ein solcher Gewinn ist als kommunalsteuerpflichtige Einnahmepost einer Aktiengesellschaft anzusehen, auch wenn derselbe in Gemäßheit des Art. 185 b des Reichsgesetzes vom 18. Juli 1884 (R.=G.=Bl. S. 123) dem Reservefonds oder einem zur Erhöhung der Dividende in ungünstigen Jahren bestimmten Fonds (Sparfonds) zugeführt war.

2) Die zum Reservefonds bezahlten Beträge stellen einen „Reingewinn" der Gesellschaft dar; die Zahlung zum Reservefonds hat nicht den Charakter einer „Ausgabe" oder Vermögensverminderung, vielmehr ist der Effekt auf der gesetzlich vorgeschriebenen Einzahlung zum Reservefonds eine Kapitalansammlung und den in Gemäßheit des Art. 185 b Nr. 1 zum Reservefonds geleisteten Rücklagen der Charakter steuerfreier Abzüge abzusprechen. (Vergl. Stammwerk S. 63 Nr. 62).

3) Ist es zum Begriffe des „Gewinnes" in steuerlichem Sinne auch an sich nicht erforderlich, daß die als solche zu behandelnden Erträge zur Verteilung an die Aktionäre gelangen, so ist doch umgekehrt Alles, was bei ordnungsmäßiger Geschäftsführung während des Bestehens der Gesellschaft (in diesem Falle eine Versicherungs=Aktien=Gesellschaft), welche regelmäßig etwas anderes, als „Gewinn" überhaupt nicht verteilen kann, thatsächlich zur Verteilung kommt oder dazu jeden Augenblick bereit liegt, zweifellos als „Gewinn" im Sinne der Steuergesetze in Anspruch zu nehmen und nicht als „Betriebsmittel" oder als „Vermehrung des Kapitals".

4) Diese Beträge stellen auch keine „Schuld" dar, denn die Schaffung neuer Anteilsscheine (junger Aktien) belastet die Gesellschaft als solche buchmäßig und thatsächlich mit einem Passivum nur in Höhe des Nominalbetrages und die Anteilsrechte der neuen Aktionäre sind schon deshalb nicht als korrespondierendes Passivum anzusehen, weil Inhalt und Umfang dieser Anteilsrechte des einzelnen neuen Aktionärs in keiner Weise davon abhängen, was über den Nominalbetrag der Aktie hinaus von ihm gezahlt und in Gestalt des Agiogewinnes der Gesellschaft zugeflossen ist.

5) Die geschäftliche Thätigkeit einer Erwerbs- und Handelsgesellschaft vollzieht sich in Ausübung eines Gewerbes. Insonderheit bildet die Beschaffung der zum Fortbetriebe oder zur Erweiterung des Geschäftes zu verwendenden Geldmittel (Anleihen, junge Aktien) einen Teil des Geschäftsbetriebes und ebenso das finanzielle Ergebnis. Eine zu diesem Zwecke kontrahierte Schuld belastet lediglich den Gewerbebetrieb und ist daraus zu verzinsen. Die Finanzoperation steht immer im Zusammenhange mit dem Gewerbebetriebe.

Nr. 33.

Endurteil des II. Senats vom 12. April 1886 (Entsch. Bd. XIII. S. 162).

1) Die §§ 13 und 14 des Fluchtliniengesetzes vom 2. Juli 1875 (G.-S. S. 561, siehe den Kommentar von Friedrichs, Berlin 1882) handeln von der Entschädigung wegen Entziehung oder Beschränkung des durch die Festsetzung neuer Fluchtlinien betroffenen Grundeigentums, sie regeln einen Teil der den Gemeinden aus der Anlegung neuer Straßen erwachsenden Last und stehen außer allem Zusammenhange mit dem § 15, welcher die Gemeinden ermächtigt, diese ganze Last unter gewissen Voraussetzungen und Beschränkungen auf die Anlieger abzuwälzen. Dazu gehört auch die „Freilegung", unter welcher Bezeichnung das Gesetz auch den Erwerb des erforderlichen Grund und Bodens mitbegreift.

2) Die Bestimmungen über die sogenannten „imaginären Kosten" d. h. die Kosten für Straßenland, welches ohne vorher bedungenes Entgelt abgetreten wird, verstoßen, wenn dieselben in den Ortsstatuten vorkommen, nicht gegen den § 15 a. a. O., sie haben nur den Zweck, die Weiterungen eines Enteignungsverfahrens zu vermeiden. In diesem Sinne ist auch eine ortsstatutarische Vorschrift zulässig, nach welcher der Wert jener vorläufig unentgeltlich hergegebenen Straßenfläche nach dem Durchschnittspreise der von vornherein entgeltlich überlassenen Flächen den Grunderwerbskosten zunächst beigerechnet, sodann aber von dem Gesamtkostenbeitrage des betreffenden angrenzenden Eigentümers wieder abgesetzt werde. (Vergl. den § 2 des Berliner Ortsstatuts II vom 7/19. März 1877, mitgeteilt bei Friedrichs, S. 72 ff.).

3) Der § 13 Abs. 4 des Gesetzes bezieht sich zunächst nur auf den § 13 selbst, d. h. auf die Frage, in welchen Fällen und in welchem Umfange dem Eigentümer Entschädigung wegen Entziehung oder Beschränkung des Grundeigentums zu gewähren ist, derselbe dient aber nicht zur Erläuterung des § 15 Abs. 2, nach welchem bei der Berechnung der Kosten der Straßenanlage die Kosten der gesamten Straßenlänge und beziehungsweise deren Unterhaltung zusammenzurechnen und den Eigentümern „nach Verhältnis ihrer, die Straße berührenden Grenze zur Last zu legen sind." (Friedrichs S. 55). Wenn nun von einem mit mehreren zusammenhängenden Grundstücken oder Grundstücksteilen an eine neue Straße angrenzenden Eigentümer nicht längs der ganzen Grenze Gebäude errichtet werden, so kommt für die Kostenverteilung in der Regel nicht die grundbuchliche, sondern die wirtschaftliche Selbständigkeit des „Grundstückes" (eine das ganze Gesetz beherrschende Legaldefinition dieses Ausdruckes giebt es nicht) in Betracht, indessen läßt sich darüber eine allgemeine Regel nicht aufstellen, vielmehr muß die Entscheidung von Streitigkeiten hierüber von Fall zu Fall erfolgen.

4) Die Adjazenten einer Straße können auch zum Ersatze der Kosten der Freilegung, ersten Einrichtung, Pflasterung und Entwässerung, sobald sie an der Straße Gebäude errichten, selbst in Betreff der bei Anlegung der neuen Straße teilweise bereits bebauten Grundstücke herangezogen werden.

Nr. 34.

Endurteil des II. Senats vom 21. Januar 1887 (Entsch. Bd. XIV. Seite 33).

1) Nach der Hannoverschen Städteordnung vom 24. Juni 1858 (Hannov. G.-S. I, S. 141) wird das Bürgerrecht in der Regel nur durch Verleihung erworben, indessen können die Wohnhaus-Erwerber angehalten werden, das ihnen von den städtischen Behörden verliehene Bürgerrecht anzunehmen. Andererseits tritt die Erwerbung des Bürgerrechts nicht mit dem Wohnhauserwerben von selbst ein, sondern erst mit der Verleihung. Letzteres kann auch auf den Antrag des Erwerbers geschehen, die städtischen Behörden sind jedoch befugt, den Antrag abzulehnen, auch, wenn ein Antrag nicht gestellt wird, die Sache auf sich beruhen lassen.

2) Für die Gewinnung des Bürgerrechts wird das Bürgergewinngeld bezahlt.

Nr. 35.

Endurteil des II. Senats vom 7. September 1886 (Entsch. Bd. XIV. S. 114).

1) Wenn in einem städtischen Einkommensteuer-Regulativ die Bestimmung enthalten ist, daß der Gemeinde-Einkommensteuer alle Einwohner des Stadtbezirks unterworfen seien, welche selbständig, beziehungsweise unter Hinzurechnung des besonderen Einkommens der zu ihrem Haushalte gehörigen Familienmitglieder (§ 16 des Gesetzes vom 1. Mai 1851), ein Einkommen beziehen, so kann gleichwohl unter Umständen eine hinterbliebene Witwe beanspruchen, daß sowohl sie als jedes Kind besonders veranlagt werden.

2) Dieser Fall muß namentlich dann eintreten, wenn die Kinder nach testamentarischer Bestimmung wirtschaftlich selbständig und unabhängig gestellte Glieder des Haushalts sind, die Mutter also von dem Genusse des Vermögens der Kinder ausgeschlossen ist.

Nr. 36.

Endurteil des II. Senats vom 26. Oktober 1886 (Entsch. Bd. XIV. S. 121).

1) Nach § 1 e des Berliner Gemeinde-Einkommensteuer-Regulativs vom 26/27. März 1886 und §§ 1 und 2 des Kommunal-Abgabengesetzes vom 27. Juli 1885 ist die streitige Steuerpflicht eines in Berlin nicht wohnhaften Herangezogenen davon abhängig, daß derselbe innerhalb der Gemeinde Berlin ein stehendes Gewerbe betreibt (§ 1 Abs. 3 des Gesetzes vom 27. Juli 1885) und daß zugleich in Ansehung der Gemeinde Berlin eine derjenigen Voraussetzungen zutrifft, an deren Vorhandensein im § 2 a. a. O. die Entstehung der Abgabenpflicht des § 1 zu Gunsten der beteiligten Gemeinde geknüpft wird.

2) Durch eine als vereidigter Makler entwickelte Thätigkeit wird man nicht zum Kaufmann, die an einen solchen Makler bewirkte Vermittelung und Abschließung von Handelsgeschäften ist als „Handelsgeschäft“ nicht anzusehen, sondern als ein „stehendes Gewerbe“.

3) Zur Begründung der Steuerpflicht in Berlin genügt aber nicht allein der Betrieb eines „stehenden Gewerbes“, sondern es muß auch noch eine „Betriebsstätte“ in Berlin hinzukommen. Dies ist die Stelle, an welcher sich dauernd und bleibend der Hauptsache nach zufolge der Willensbestimmung des Unternehmers oder nach der Natur des Gewerbes diejenigen Thätigkeiten vollziehen, welche den Inhalt des Gewerbebetriebes bilden.

Nr. 37.

Endurteil des II. Senats vom 30. November 1886 (Entsch. Bd. XIV. S. 124).

Ist eine durch Beschluß der Aktionäre aufgelöste Aktiengesellschaft in den Zustand der Liquidation eingetreten, so muß dieselbe während der Dauer des Liquidationsverfahrens von den Kommunalsteuern gänzlich freigelassen werden. (§ 30 des Einkommensteuergesetzes vom 1. Mai 1851, Stammwerk S. 87 Nr. 13).

Nr. 38.

Endurteil des II. Senats vom 25. März 1887 (Entsch. Bd. XIV. S. 130).

1) Unrichtig ist die Ansicht, daß die Vorschriften in § 30 Abs. 2 des Ges. vom 1. Mai 1851, als für Aktiengesellschaften nicht gegeben, auch nicht analog anzuwenden seien, vielmehr das Reineinkommen der Gesellschaft nach den über die Aufstellung der Bilanzen und Gewinnberechnungen im Handelsgesetzbuche enthaltenen Normen im Sinne des Gesetzes vom 27. Juli 1885 ermittelt werden müßten; vielmehr erfolgt die Berechnung des steuerpflichtigen Reineinkommens der Aktiengesellschaften unabhängig von den vorerwähnten Normen.

2) Handelt es sich um die Ermittelung des Durchschnittes der letzten drei Jahre, so hindern die früheren Feststellungen des steuerpflichtigen Einkommens hinsichtlich eines oder mehrerer dieser Vorjahre nicht an einer erneuten Feststellung.

3) Nicht richtig ist es, wenn die besteuernde Behörde gewisse „Kapitalverluste" (im Contocurrent- und Wechselgeschäft oder in Konkursen oder durch Wechselfälschungen entstandene Ausfälle) dem zu besteuernden Einkommen hinzurechnet und dieselben als bloße Betriebs- oder Geschäftsverluste qualifiziert.

4) Eine Bank kann, wenn sie ihre Gelder zu etwas benutzt, niemals etwas anderes, als ihr „Kapital", verwenden, wie denn auch jeder Gewerbtreibende seine Geschäfte lediglich unter Verausgabung seines für das Gewerbe bestimmten Betriebskapitals macht.

5) Ein Kapitalist, der sein Vermögen in Hypotheken anlegt, giebt ebenso, wie die Bank im Contocurrent- und Wechselgeschäfte, Darlehn aus dem Kapitale; geht das Geld verloren, so entsteht bei beiden ein Kapitalsverlust, die Wirkung für die Berechnung des steuerpflichtigen Einkommens ist aber eine grundsätzlich verschiedene. Der Kapitalist hat nach dem Gesetz seine Zinseinnahme, der Gewerbetreibende seinen Gewerbegewinn zu versteuern; der erstere kann deshalb von den bezogenen Zinsen den Betrag des verlorenen Kapitals nicht abziehen, der letztere dagegen erzielt einen Gewinn aus dem Geschäfte nur, wenn er sein Kapital mit Zinsen und Provision wiedererhält, andernfalls erleidet er einen Schaden, der jedem andern Geschäftsverluste gleichsteht.

Nr. 39.

Endurteil des II. Senats vom 4. März 1887 (Entsch. Bd. XIV. S. 138).

Erstreckt sich ein Gewerbebetrieb über mehrere Gemeinden z. B. derjenige der Stromschiffer), so erfolgt die Ermittelung der Einnahmen und Ausgaben nach einem von dem Unternehmer jährlich mitzuteilenden Verteilungsplane. (§§ 7 und 8 des Gesetzes vom 27. Juli 1885.) Hält es der Steuerpflichtige nicht für angemessen, der Steuerbehörde auf diesem ihm eröffneten Wege entgegenzukommen, so hat letztere von der Veranlagung nicht etwa Abstand zu nehmen, sondern es erfolgt der dem örtlichen Regulativ entsprechenden Regel gemäß die Schätzung, bei deren Ergebnis — sofern die Steuerpflicht an sich feststeht oder erweislich ist — es so lange sein Bewenden behält, als nicht der Steuerschuldner auf den geordneten Wegen den Mangel jeden besteuerungsfähigen Einkommens oder eine Überbürdung seinerseits nachweist.

Nr. 40.

Endurteil des II. Senats vom 11. Januar 1887 (Entsch. Bd. XIV. S. 143).

Die einem Gerichtsassessor für die kommissarische Verwaltung einer Amtsrichterstelle gewährte diätarische Entschädigung ist nicht Gegenstand einer städtischen Einkommenbesteuerung. Nur „fortlaufende" Einnahmen sind steuerpflichtig. (Vergl. oben Nr. 27 auch die Anmerkung auf S. 145 und 146 des XIV. Bandes der Entscheidungen.) Dienstaufwands-Entschädigungen brauchen weder dem Staate noch der Gemeinde versteuert zu werden.

Nr. 41.

Endurteil des II. Senats vom 1. Oktober 1886 (Entsch. Band XIV. S. 148).

Nach § 23 des Gesetzes vom 20. Mai 1882 (G.-S. S. 303) sollten die zur Entrichtung*) von Witwen- und Waisengeldbeiträgen verpflichteten Beamten, welche Mitglieder einer Militair- oder Staatsbeamten-Witwenkasse oder einer sonstigen Veranstaltung des Staates zur Versorgung der Hinterbliebenen von Beamten sind und derselben nicht erst nach Verkündigung jenes Gesetzes beigetreten waren, wenn sie binnen 3 Monaten nach dem Inkrafttreten des Gesetzes durch eine schriftliche Erklärung für ihre etwaigen künftigen Hinterbliebenen auf das in dem § 7 desselben Gesetzes bestimmten Waisen- und Witwengeld „verzichteten", von der Entrichtung der im § 3 desselben Gesetzes bestimmten Witwen- und Waisengelder befreit bleiben. Anderenfalls waren sie berechtigt, aus der Landesanstalt auszuscheiden.

Viele unmittelbare Staatsbeamte haben damals weder den vorstehenden Verzicht geleistet, noch sind dieselben aus der Landesanstalt ausgeschieden, und dies hat zur Folge, daß ihnen bei der Einkommenbesteuerung zu den Gemeindelasten nur die an die Witwen- und Waisenkasse zu leistenden Beiträge als nicht steuerpflichtig in Abzug gebracht werden, nicht auch die daneben fortzuentrichtenden Beiträge zur Landesanstalt.

Nr. 42.

Endurteil des II. Senats vom 14. September 1886 (Entsch. Bd. XIV. S. 153).

1) Wenn ein städtisches Gemeinde-Einkommensteuer-Regulativ die Bestimmung enthält, daß alle diejenigen, welche seit 3 Monaten sich im Stadtbezirke aufhalten, dergestalt, daß die Steuerpflicht mit dem ersten Hebungstermine nach dem Ablauf des dritten Monats beginnt, jedoch auf die abgelaufenen 3 Monate sich miterstreckt, der Gemeindeeinkommensteuer unterliegen sollen, so ist damit die Absicht ausgesprochen, an dem durch § 8 des Freizügigkeitsgesetzes vom 1. November 1867 gewährten Besteuerungsrechte, welches das Gesetz an die Thatsache des Anzuges nach einem Orte in Verbindung mit der Fortsetzung des so begonnenen Aufenthaltes während dreier Monate knüpft, in vollem Umfange Gebrauch zu machen.

2) „Aufenthalt" und „körperliche Anwesenheit" an einem Orte sind nicht gleichbedeutende Begriffe. Eine freiwillige Entfernung aus dem Orte gilt nicht

*) In den Entscheidungen Band XIV. S. 150 steht „Errichtung", Druckfehler.

als „Unterbrechung" des Aufenthaltes, wenn aus den Umständen, unter welchen sie erfolgt, die Absicht erhellt, den Aufenthalt beizubehalten. (Sommergäste, Schifffahrtsgewerbe).

Nr. 43.

Endurteil des II. Senats vom 14. Dezember 1886 (Entsch. Bd. XIV. S. 159).

1) Nach § 1 des Kommunalsteuer-Notgesetzes vom 27. Juli 1885 sind nur solche eingetragene Genossenschaften kommunalsteuerpflichtig, deren Geschäftsbetrieb „über den Kreis ihrer Mitglieder hinausgeht". Wenn nun ein Verein, welcher nach seinem Statut behufs gegenseitiger Beschaffung der in Gewerbe und Wirtschaft nötigen Geldmittel ein Bankgeschäft auf gemeinschaftlichen Kredit betreibt und laut Statut Kredit nur an seine Mitglieder gewähren darf, so kann er zur Kommunalsteuer nur dann herangezogen werden, wenn ihm die besteuernde Behörde nachweist, daß er seinen Geschäftsbetrieb auf Nichtmitglieder ausgedehnt habe. Die Beweislast liegt also nicht dem Verein, sondern dem Magistrat ob.

2) Die oben hervorgehobenen Worte „über — hinausgeht" können nicht in dem Sinne gemeint sein, daß alle eingetragenen Genossenschaften, welche überhaupt mit Nichtmitgliedern in Geschäftsverkehr treten, der Steuerpflicht unterworfen sein sollen, denn ohne jede Geschäftsverbindung mit Dritten kann eine Genossenschaft niemals bestehen und ihre Zwecke erfüllen, vielmehr ist der Sinn jener Worte nur der, daß Dritte nicht an denjenigen Zwecken teilnehmen dürfen, zu deren Erreichung die Genossenschaft gebildet ist.

3) Für die Steuerfreiheit eines solchen Vereins kann dessen Verhalten vor Erlaß des Gesetzes vom 27. Juli 1885 nicht unbedingt und namentlich dann nicht maßgebend sein, wenn nur ein einziger Fall in Frage steht.

Nr. 44.

Endurteil des II. Senats vom 4. Januar 1884 (Entsch. Bd. IV. S. 163).

Eingetragene Genossenschaften haben im Geltungsbereiche der Städteordnung vom 30. Mai 1853 an denjenigen Lasten nicht teilzunehmen, welche auf den Grundbesitz oder auf das Gewerbe gelegt sind.

Nr. 45.

Endurteil des II. Senats vom 3. September 1886 (Entsch. Bd. XIV. S. 166).

Die Wanderlagersteuer (Gesetz vom 27. Februar 1810 — G.-S. S. 174 —) gehört nicht zu den für die Stadtgemeinde zu erhebenden Steuern im Sinne des § 18 Nr. 2 des Zuständigkeitsgesetzes vom 1. August 1883; ihr kommt die Eigenschaft als „Gemeindelast" nicht zu, vielmehr stellt sie sich als ein der Gemeinde aus dem Vermögen solcher Personen zufließendes Gemeindebenefizium dar, welche Mangels eines Besteuerungsrechtes auf Seiten der Gemeinde zu den Gemeindelasten nicht herangezogen werden können.

Nr. 46.

Endurteil des II. Senats vom 8. Oktober 1886 (Entsch. Bd. XIV. S. 170).

Auch Chambregarnisten haben im Geltungsbereiche der Städteordnung vom 30. Mai 1853 (§ 5) einen „eigenen Hausstand", sie erwerben das Bürgerrecht und können zur Zahlung des Bürgerrechtsgeldes herangezogen werden.

B. Zwangsetatisierungen.

(Einzuschalten auf S. 92 des Stammwerkes).

Nr. 4.

Endurteil des I. Senats vom 2. Februar 1887 (Entsch. Bd. XIV. S. 89.)

1) Der § 78 der Städteordnung vom 30. Mai 1853 ist durch den § 19 des Zuständigkeitsgesetzes vom 1. August 1883 ersetzt worden. Zur Anstellung der Klage gegen Zwangsetatisierungs-Verfügungen des Regierungspräsidenten ist nach § 56 Nr. 5 und 8 der Städte-Ordnung gesetzlich nur der Magistrat legitimiert und nicht die Stadtverordnetenversammlung.

2) Dem Magistrat und nicht der Stadtverordnetenversammlung sind die Zwangsetatisierungsverfügungen zuzustellen, und von dem Tage dieser Zustellung ab läuft auch die Klagefrist. Hat der Magistrat die Verfügung an die Stadtverordnetenversammlung abgegeben und wird sodann die Klagefrist von diesem Zustellungstage ab berechnet, so hat das die Versäumnis der Frist zur Folge.

Nr. 5.

Endurteil des I. Senats vom 6. Oktober 1886. (Entsch. Bd. XIV. S. 95.) Vergl. das Stammwerk S. 202 Nr. 40).

Dort ist bereits ausgesprochen, daß die Kosten der Visitation der Elementarschulen nicht überall vom Staate zu tragen sind, in der Provinz Brandenburg fallen sie aber nicht den Gemeinden, sondern dem Staate zur Last, in der Provinz Preußen den Gemeinden.

Nr. 6.

Endurteil des I. Senats vom 20. November 1886 (Entsch. Bd. XIV. S. 98).

Wenn bei einer Königlichen Polizeibehörde die Stelle eines Polizeibaubeamten auf Staatskosten neu eingerichtet wird, und wenn es dann seitens der Aufsichtsbehörde für erforderlich erachtet wird, diesem Beamten jährlich ein Pauschquantum an Fuhrentschädigung und für Beschaffung mechanischer Arbeitskräfte (Hülfe beim Rechnen, Zeichnen, Schreiben u. s. w.) zu gewähren, so gehören diese Kosten zu den sächlichen (§ 3 des Polizeiverwaltungsgesetzes vom 11. März 1850) und die aufsichtlich festgesetzte Pauschalsumme kann event. zwangsweise auf den Etat der Gemeinde gebracht werden.

Nr. 7.

Endurteil des I. Senats vom 23. Februar 1887 (Entsch. Bd. XIV. S. 102).

Für die Reinigung der von den Polizeibeamten festgenommenen Personen müssen, bevor die Vorführung vor den Richter erfolgt, die Ortspolizeibehörden auf Kosten der betreffenden Gemeinden Sorge tragen.

C. Verhältnisse der städtischen Kommunalbeamten.

(Einzuschalten auf S. 93 des Stammwerkes.)

Nr. 3.

Endurteil des I. Senats vom 28. April 1886 (Entsch. Bd. XIII. S. 175).

1. Die Frage, welcher Teil des Diensteinkommens der besoldeten Gemeindebeamten (in diesem Falle des Bürgermeisters) bei der Feststellung ihrer Pensionsansprüche als pensionsberechtigtes Gehalt anzusehen sind, läßt sich nur auf

Grund der betreffenden Beschlüsse der städtischen Körperschaften und der Bestimmungen der zuständigen Aufsichtsbehörde, auf Grund deren die Normierung des Gehaltes bei der Besetzung der Stelle erfolgt ist, entscheiden. Diese Entscheidung wird zur Zeit auf Grund des letzten Absatzes im § 20 des Zuständigkeitsgesetzes vom 1. August 1883 durch den Bezirksausschuß, in letzter Instanz durch das Oberverwaltungsgericht getroffen, soweit nicht der ordentliche Rechtsweg zulässig ist.

2) Daß Gehaltszulagen als „persönliche" verliehen werden, schließt die Pensionsberechtigung nicht aus, denn in dem Ausdrucke „persönliche" liegt nur der Gegensatz gegen eine für die Dauer mit der Stelle verbundene Gehaltserhöhung, nicht der Gegensatz gegen eine „pensionsberechtigte". Auch ist es unerheblich, wenn eine derartige Zulage nicht ausdrücklich als „Gehalts"-Zulage bezeichnet worden ist.

3) Wird eine Zulage ausdrücklich als eine „widerrufliche" bewilligt, so spricht das dafür, daß sie für eine vollberechtigte d. h. für eine pensionsfähige angesehen werden soll.

4) Wenn eine Zulage als pensionsberechtigt gelten soll, so bedarf das nicht der ausdrücklichen, sondern nur der stillschweigenden Genehmigung der Aufsichtsbehörde. Vergl. Stammwerk S. 135 Nr. 63. 3.

Nr. 4.

Endurteil vom 17. April 1886 (Entsch. Bd. XIII. S. 180).

1) Das gesamte Diensteinkommen eines städtischen Beamten muß nicht ohne Weiteres als pensionsfähiges Gehalt anerkannt werden.

2) Nach den Grundsätzen über die Pensionierung der Beamten und Militairpersonen ist die Kürzung der Pension mit Rücksicht auf ein anderweit erlangtes Diensteinkommen nicht davon abhängig, daß das neu erlangte Diensteinkommen ein pensionsberechtigtes sei.

D. Städtische Wahlen.

(Einzuschalten auf S. 104 des Stammwerkes).

Nr. 1.

Endurteil des I. Senats vom 6. Juli 1886 (Entsch. Bd. XIII. S. 70).

1) Die §§ 10 und 11 des Zuständigkeitsgesetzes vom 1. August 1883 schreiben vor, daß die Gemeindevertretung über die Richtigkeit der Gemeindewählerliste (zu den Stadtverordnetenwahlen) beschließt und daß gegen diesen Beschluß die Klage im Verwaltungsstreitverfahren stattfindet; Einspruch und Klage können aber nur auf bestimmt bezeichnete Unrichtigkeiten der Liste gerichtet sein, es darf sich also dabei nicht nur um theoretische Erörterungen und den Streit um solche handeln.

2. Es ist möglich, daß bei der Einteilung der Wähler in die einzelnen Abteilungen (§ 19 der Städte-Ordnung vom 30. Mai 1853) nach Maßgabe der von ihnen zu entrichtenden direkten Steuern (§ 13 a. a. O.) falsche Steuersätze in Rechnung gezogen werden, ohne daß sich doch bei der Geringfügigkeit der zu viel oder zu wenig angesetzten Beträge oder auch etwa unter ganz besonderen Umständen in Folge eines gegenseitigen Sichausgleichens der Irrtümer aus der Irrigkeit des Ansatzes eine Unrichtigkeit der Wählerliste ergiebt, indem die Abteilungen der Wähler auch bei richtigem Ansatze der

Steuern dieselben bleiben; in solchem Falle wären Einspruch und Klage nicht gerechtfertigt und nicht zuzulassen. Letzteres, wenn es zur Begründung der Klage für unerläßlich erachtet werden müßte, daß der Kläger auch selbst die auf jeden Wähler entfallenden Steuerbeträge richtig stellte, vielmehr genügt es, daß die Unrichtigkeit der Wählerliste derartig dargethan resp. festgestellt wird, daß die dafür maßgebenden Gesichtspunkte zugleich die sicheren Normen für ihre Richtigstellung, welcher Zweck des Verfahrens ist, ergeben.

2) Die in manchen Städten an Stelle von Naturalleistungen (Gemeindedienste) erhobene Pflastersteuer der Hausbesitzer ist eine bei der Aufstellung der Wählerliste zu berücksichtigende direkte Gemeindesteuer.

3) Offene Handelsgesellschaften stellen keine von den Gesellschaftern verschiedene juristische Person dar, es müssen deshalb auch die von den Liegenschaften dieser Gesellschaften zu zahlenden direkten Staats- und Gemeindesteuern bei Aufstellung der Wählerliste und Verteilung derselben auf die einzelnen Gesellschafter (event. nach Köpfen) in Rechnung gezogen werden.

Nr. 2.

Endurteil des I. Senats vom 27. Januar 1886 (Entsch. Band XIII. S. 79).

Der nach § 75 Abs. 2 der altländischen Kreisordnung zur zeitweisen Stellvertretung des Landrats berufene Kreissekretär kann nach § 17 der St.-O. vom 30. Mai 1853, in Verbindung mit § 76 a. a. O., § 7 des Zuständigkeitsgesetzes vom 1. August 1883, Art. XVI. der Instruktion vom 20. Juni 1852, § 36 der V. vom 30. April 1815 und § 77 der altländischen Kreisordnung in der Kreisstadt zum Stadtverordneten nicht gewählt werden. Von dem Inhalte der betreffenden Vorschriften in den anderen Städteordnungen hängt es ab, ob dieser Grundsatz auch dort anwendbar ist. Aus den Kreisordnungen sind hier maßgebend für Hannover §§ 23, 25—30, Hessen-N. § 25, Westfalen und Rheinprovinz §§ 31. (Vergl. Wochenschrift „Selbstverwaltung“ Jahrgang XIII. S. 50.)

Nr. 3.

Endurteil des II. Senats vom 7. September 1886 (Entsch. Band XIV. S. 38).

1) Ein im Verwaltungsstreitverfahren gestellter Antrag, daß ein hannoversches Bürgervorsteher-Kollegium erst nach der Bekanntmachung der Wahlen durch den Magistrat und nach Ablauf weiterer 14 Tage Beschluß über die Giltigkeit der Wahlen fassen dürfe, ist als unzulässig zurückzuweisen, denn diese Klage kann nur direkt gegen den Beschluß der Gemeindevertretung gerichtet werden, durch welchen die Wahl für gültig erklärt worden ist.

2) Eine Feststellung des Inhaltes, wie sie hier der Kläger fordert, gehört immer nur in die Gründe, niemals in den Tenor der Entscheidung, weil dieselben als Inzidenzpunkte anzusehen sind.

3) Anträge auf Ungiltigkeitserklärung von Wahlen, welche bereits auf Antrag anderer Berechtigter für ungültig erklärt worden sind, müssen als gegenstandslos zurückgewiesen werden.

Nr. 4.

Endurteil des II. Senats vom 18. Januar 1887 (Entsch. Band XIV. S 44).

1) Ein jedes Mitglied der Stadtgemeinde ist zur Erhebung von Einwendungen gegen die Richtigkeit der Wählerlisten befugt und daraus folgt auch das Klagerecht im Verwaltungsstreitverfahren jedes Mitgliedes der Stadtge-

meinde, welches Einspruch erhoben hat. Klagerecht ohne vorangegangenen Einspruch giebt es nicht. Daß der Einsprechende in seinen **eigenen** Rechten verletzt sei, ist nicht erforderlich. (NB. eine Rechtsverletzung liegt immer vor, allerdings handelt es sich dabei nicht um Verletzung materieller oder finanzieller Rechte, sondern um solche idealer Rechte — Siehe Sarwey —. Es handelt sich mithin hier auch keineswegs um eine Popularklage. D. Verf.)

2) Hat die Stadtverordnetenversammlung einen Namen aus der Liste **gestrichen**, so kann jeder einzelne Bürger einen solchen Beschluß überhaupt nicht anfechten. Hat der Gestrichene selbst Klage wegen dieser Streichung erhoben, so sind diese beiden Klagen mit einander zu verbinden. Überhaupt empfiehlt es sich, beim Eingang einer solchen Klage durch Rückfrage bei dem Magistrat festzustellen, welche Beschlüsse der Stadtverordnetenversammlung in Beziehung auf **dieselbe** Wahl mit der Klage angegriffen seien, damit der Gerichtshof in der Lage ist, diese Klagen in **einem** Verfahren zu erledigen. (Dies ist ein sehr zu beherzigender, zweckmäßiger Vorschlag.)

3) Eine Wahlberechtigung ist nach § 8 der St.=O.' vom 30. Mai 1853 nur da gegeben, wo der Beteiligte in der Stadt seit einem Jahre sowohl an direkten Staats=, als an Gemeindeabgaben mehr als einer der drei höchst besteuerten Einwohner entrichtet, d. h. daß eine **Zusammenrechnung** der Staats= und Gemeindesteuern nicht vorgenommen werden darf, sondern die betreffende Person bei der einen wie bei der anderen Art von Abgaben mit ihrem Steuerbetrage die entsprechende Steuersumme des von den drei höchstbesteuerten am niedrigsten herangezogenen Einwohners übersteigen muß. Dasselbe gilt auch von den juristischen Personen.

4) **Fiskus** ist nicht wahlberechtigt, weil er in der Stadt überhaupt keine Staatssteuern entrichtet.

5) **Gruben** (Bergwerke, Gewerkschaften) können wahlberechtigt sein, wenn sie ihre Staats= und Gemeindesteuern in genügender Höhe (siehe sub I) bezahlen, hinsichtlich der Staatssteuern ist aber zu beachten, daß die Bergwerksabgabe in dem hier maßgebenden Sinne eine **direkte** Staatssteuer nicht ist. (NB. Dieselbe ist auch keine **indirekte** Steuer, sondern steht zwischen beiden, siehe „Parey, Verwaltungsrecht").

Nr. 5.

Endurteil des II. Senats vom 17. September 1886 (Entsch. Bd. XIV. S. 56, auch Wochenschrift „Selbstverwaltung" Jahrgang XIII. S. 386, 387).

1) Wird gegen die Wahl eines Stadtverordneten wegen der Unrichtigkeit der Wählerliste in Gemäßheit des § 20 Abs. 3 der Städteordnung vom 30. Mai 1853 Einspruch erhoben, so ist bei der Entscheidung des Streites die Liste des laufenden Jahres und nicht die des Vorjahres zu Grunde zu legen, wenn sich etwa die Wahl durch die Erledigung des Verwaltungsstreitverfahrens bis dahin verzögert hat. Die unterbliebene Beiladung des Einsprechenden als Mitbeklagten kann nicht als ein wesentlicher Mangel des Verfahrens angesehen werden. Die Beiladung steht einer Zuziehung in der Rolle des Beklagten nicht gleich und vermag daher den Fehler, daß mit der Klage nicht die richtige Person belangt ist, nicht auszugleichen.

2) Die in betreff der Beiladung der Einsprechenden in Ansiedelungssachen bestehenden Grundsätze finden auf Einsprüche gegen die Stadtverordnetenwahlen keine Anwendung.

3) Die Anschauung, daß die für das laufende Jahr bereits aufgestellte, aber wegen eines etwa noch in Aussicht stehenden Verwaltungsstreitverfahrens

noch nicht fertiggestellte Wählerliste der wiederholten Wahl nicht zu Grunde gelegt werden dürfe, läßt sich nach § 11 Abs. 2 des Zuständigkeitsgesetzes vom 1. August 1883 nicht rechtfertigen.

4) Mit den Worten im § 10 des Zuständigkeitsgesetzes vom 1. August 1883 „2. über die Gültigkeit der Wahlen zur Gemeindevertretung" ist gesagt, daß die Prüfung der Stadtverordnetenwahlen den Gemeindevertretungen unbeschränkt und für alle Fälle, mithin auch dann zugewiesen ist, wenn gegen eine Wahl kein Einspruch erhoben wurde.

5) Wenn ein Magistrat Ersatzwahlen zur Stadtverordnetenversammlung angeordnet hat und der Regierungspräsident auf erhobene Beschwerde verfügt, daß der Wahlakt gemäß § 11 des Zuständigkeitsgesetzes aufzuschieben sei, und wenn dann diese Ersatzwahlen erst im folgenden Jahre erfolgen, so ist bei bei diesem Wahlakte nicht die Wählerliste des Vorjahres, sondern die des laufenden Jahres zu Grunde zu legen. (§ 19 der Städteordnung vom 30. Mai 1853).

6) Eine für eine einzelne Wahl bestimmte und deshalb neu aufgestellte Liste verliert mit dem Abschlusse der Wahl ihren Wert.

7) Unter den „Ersatzwahlen" im obigen Sinne sind nur solche gemeint, welche zum Ersatze für ungültig erklärte Wahlen stattfinden sollen. Für die Normierung des Wertes des Streitgegenstandes ist auch die Wichtigkeit des Streitgegenstandes maßgebend.

Nr. 6.

Endurteil des II. Senats vom 2. November 1886 (Entsch. Bd. XIV. S. 64).

1) Wenn bei einer Stadtverordnetenwahl im Geltungsbereiche der St.-O. vom 30. Mai 1853 mehrere (etwa 3) Stadtverordnete gleichzeitig zu wählen sind, und wenn dann ein Wahlberechtigter nicht 3, sondern nur 2 Personen bezeichnet, so sind diese beiden Stimmen bei der Ermittelung des Wahlresultates mit in Rechnung zu stellen, während hinsichtlich des dritten (nicht bezeichneten) Kandidaten angenommen werden muß, daß sich der Wahlberechtigte der Abstimmung enthalten habe.

2) Behufs Ermittelung der absoluten Majorität sind in solchen Fällen diejenigen Stimmen, welche 3 Personen gewählt haben durch 3, dagegen diejenigen von dem Wähler, der nur 2 Personen gewählt hat, durch 2 zu teilen.

Nr. 7.

Endurteil des II. Senats vom 18. Februar 1887 (Entsch. Bd. XIV. S. 70).

1) Zur Klage gegen den einen auf Gemeindewahlen bezüglichen Einspruch zurückweisenden Beschluß der Stadtverordnetenversammlung ist nur derjenige legitimiert, welcher Einspruch erhoben hatte, nicht aber auch jeder andere stimmberechtigte Bürger.

2) Die Vorschrift des § 23 der Städteordnung läßt dem Magistrat die Wahl zwischen der Einladung der stimmberechtigten Wähler zur Stadtverordnetenwahl durch besondere Schreiben oder durch ortsübliche Bekanntmachung. Der Magistrat kann hiernach in jedem einzelnen Falle einen dieser beiden Wege nach seinem Ermessen einschlagen; in diesem Wahlrecht kann er durch Ortsstatut, nicht aber dadurch beschränkt werden, daß er eine Zeit lang regelmäßig nach der einen der beiden zulässigen Einladungsformen verfahren ist. Die Städteordnung bestimmt weder ausdrücklich, daß die Stadtverordnetenwahlen öffentlich sein sollen, noch schließt sie die Öffentlichkeit grundsätzlich aus. Es kann hiernach nicht für unzulässig erachtet werden, daß bei der Wahlhandlung

Personen anwesend sind, welche zwar dem Wahlkörper, nicht aber der grade abstimmenden Abteilung angehören, sofern nur durch deren Verhalten nicht der Wahlakt oder die öffentliche Ordnung gestört werden.

3) Lehrer an städtischen Schulen gehören nicht zu den Gemeindebeamten, welche von dem Amte eines Stadtverordneten ausgeschlossen sind.

E. Besondere Angelegenheiten der Stadtgemeinden.

Nr. 1.

Endurteil des II. Senats vom 21. September 1886 (Entsch. Bd. XIV. S. 77).

1) Eine Stadtverordnetenversammlung ist nicht befugt, zu beschließen, daß den Wahlmännern für die Wahlen zum Hause der Abgeordneten zur Reise nach dem Wahlorte Entschädigungen aus der Kämmereikasse gezahlt werden.

2) Die Befugnis des Magistrats zur Beanstandung eines Beschlusses der Stadtverordnetenversammlung wird durch den Umstand nicht ausgeschlossen, daß der betreffende Beschluß der Zustimmung des Magistrats bedurfte; deshalb erscheint die Annahme irrig, daß eine Beanstandung solcher Beschlüsse, die an sich die Zustimmung des Magistrats erfordern, rechtlich unmöglich wäre.

3) Nach allgemeinen Grundsätzen und nach den Bestimmungen des positiven Rechtes ist das Vermögen der Stadtgemeinde nur für solche Zwecke verwendbar, deren Durchführung zu den gesetzlichen Zwecken und Aufgaben dieser Korporation selbst gehört; jede andere Verfügung darüber liegt außerhalb der Befugnisse der städtischen Behörden. Diese Befugnisse finden ihre rechtliche Grenze in der Zweckbestimmung jenes Vermögens. Die Verwendung des der Korporation zustehenden gemeinschaftlichen Vermögens darf nicht nur, sie muß zur Beförderung des gemeinschaftlichen Besten der Korporation, zur Erreichung ihres Endzweckes geschehen; jeder Beschluß derselben, welcher eine Verwendung außerhalb dieses Endzweckes erstrebt, ist wider das Gesetz.

Nr. 2.

Endurteil des I. Senats vom 10. März 1886 (Entsch. Bd. XIII. S. 89).

1) Stadtverordnetenversammlungen können an den Reichstag petitionieren in Angelegenheiten, welche in der Besonderheit der Verhältnisse der örtlichen Gemeinschaft ihren Ausgangspunkt, in dem Schutze und der Förderung dieser Verhältnisse ihr Ziel haben. In diesem Sinne gehören dergleichen Gegenstände für Petitionen zu den Gemeindeangelegenheiten.

2) Diesem Grundsatze entsprechend wurde eine Reichstagspetition der Stadtverordneten zu Stettin für erlaubt erachtet, weil der darin enthaltene Antrag gegen die Erhöhung der Getreidezölle allerdings dem Interesse dieser See- und Handelsstadt erheblich entsprach.

Nr. 3.

Endurteil des II. Senats vom 17. Juni 1886 (Entsch. Bd. XIII. S. 182).

In dem Wortlaute des § 22 Abs. 1 des Zuständigkeitsgesetzes vom 1. August 1883, nach welchem die Bestimmungen des Titel IV des Gesetzes auf die in der Städte-Ordnung vom 30. Mai 1853 § 1 Abs. 2 erwähnten „Flecken" Anwendung finden, kann nicht dahin ausgelegt werden, daß damit nur solche Ortschaften gemeint sein sollen, welche eine der städtischen „analoge" Verfassung erhalten haben, es sind vielmehr alle Ortschaften damit gemeint, denen nicht ausdrücklich eine ländliche Gemeindeverfassung verliehen worden ist.

IV.

Amtsverbände.

Nr. 13.

Endurteil des I. Senats vom 22. Februar 1879 (Entsch. Bd. V S. 83). Stammwerk S. 100.

Die Frage, ob der Regierungspräsident als solcher oder nur als Vorsitzender des Bezirksausschusses berechtigt ist, gegen den Amtsvorsteher als dessen Dienstvorgesetzter Ordnungsstrafen festzusetzen, erscheint für die nach dem 1. April 1881 anhängig gewordenen Angelegenheiten gegenstandslos, nachdem an die Stelle des § 61 des Zuständigkeitsgesetzes vom 26. Juli 1876, soweit sich derselbe auf die Amtsvorsteher bezieht, der § 68 der Kr.-O.-N. getreten ist.

Demnach beschließt jetzt hierüber in dem dort besonders bezeichneten Umfange entweder der Kreisausschuß oder der Regierungspräsident. Dem Landrate steht das Recht zur Verhängung von Ordnungsstrafen gegen den Amtsvorsteher nicht zu.

Gegen den Beschluß beziehungsweise die Strafverfügung findet jetzt in Sachen des Amtsvorstehers (in denen des Gemeindevorstehers vorläufig noch nicht) die Beschwerde an den Bezirksrat beziehungsweise an den Oberpräsidenten statt; gegen diese Beschlüsse die Klage an das Oberverwaltungsgericht.

Nr. 14.

Endurteil des I. Senats vom 15. Oktober 1879 (Entsch. Bd. VI. S. 77.) Stammwerk S. 101.

Der Amtsvorsteher kann den Auftrag des Landrates, eine Gemeindekasse zu revidieren, nur ablehnen, wenn er nachweist, daß er dem Auftrage nicht gewachsen ist oder daß ihm eine erbetene Instruktion versagt sei.

Nr. 15.

Endurteil des I. Senats vom 30. Januar 1886 (Entsch. Bd. XIII. S. 62).

1) Die Öffentlichkeit eines Flusses reicht nicht weiter, als seine Schiffbarkeit.

2) Wird von Seiten der Aufsichtsbehörde die Setzung von Höhenpfählen (Merkpfählen) in einem Privatflusse angeordnet, um danach die ordnungsmäßige Räumung des Flußbettes kontrolieren zu können, so gehören die dadurch entstehenden Kosten zu den sachlichen der Polizeiverwaltung und sind von dem Amtsverbande zu tragen, auch wenn jene Kontrole nicht ausschließlich von dem Amtsvorsteher, sondern in erster Linie von der Schaukommission geübt wird. (§ 70 der altl. Kreis-Ordnung).

3) Der § 72 der altl. Kreisordnung bietet keinen Raum der für eine richterliche Prüfung der Nützlichkeit und Angemessenheit der Einrichtungen, für welche dem Amtsverbande im Wege der Zwangsetatisierung eine Leistung auferlegt wird. Hierauf bezügliche Beschwerden könnten nur durch die Aufsichtsbehörden erledigt werden. (Vergl. Stammwerk S. 100 Nr. 6).

Nr. 16.

Endurteil des I. Senats vom 6. November 1886 (Entsch. Bd. XIV. S. 23.)

1) Polizeiliche Maßnahmen, welche an sich zur Zuständigkeit der Ortspolizei gehören, z. B. die Untersuchung örtlicher Mißstände der Verjauchung

von Brunnen durch die mit benachbarten städtischen Kanalisationen verbundenen Rieselanlagen, können geeigneten Falles auch von der Landespolizeibehörde in der Weise angeordnet werden, daß diese die Funktionen der Ortspolizeibehörde an sich zieht und für dieselbe handelt. In diesen Fällen hat der betreffende örtliche Polizeiverband (Amtsbezirk) die Kosten dieser Maßnahmen zu tragen.

2. Die Landespolizeibehörde kann aber auch als solche derartige Anordnungen dann treffen, wenn es sich darum handelt, Interessen wahrzunehmen, welche über die Grenzen eines örtlichen Polizeibezirkes hinausgehen oder entgegenstehende Interessen mehrerer derartiger Bezirke ausgleichen. In diesem Falle sind die Kosten von der Landespolizeiverwaltung zu tragen.

3) Die Klage des Amtsverbandes gegen eine auf Grund des § 72 der altländischen Kreisordnung ergangene Verfügung des Landrates kann nur auf Aufhebung der Verfügung, der angeordneten Zwangsetatisierung oder außerordentlichen Feststellung einer Ausgabe gerichtet sein.

4) Ist in Ausführung dieser Verfügung bereits eine Zahlung geleistet, so liegt die Rückgängigmachung derselben bezw. die Anordnung der Rückerstattung gegen den, welchen der Amtsverband aus Gründen des öffentlichen Rechtes statt seiner für verpflichtet erachtet, außerhalb der Zuständigkeit der Verwaltungsgerichte.

5) Daß die angefochtene landrätliche Verfügung auf Anweisung des Regierungspräsidenten erlassen ist, schließt den letzteren von der Teilnahme an der Entscheidung nicht aus.

V.

Landgemeinden und Gutsbezirke.

A. Gemeindeabgaben und Dienste, Gemeindevermögen.

Nr. 81.

Endurteil vom 20. Januar 1877 (Entsch. Bd. II. S. 93). Stammwerk S. 106.

In Betreff der Berechtigung der Landgemeinden, juristische Personen, insbesondere den Fiskus, zu Kommunal- (Real-) Steuern heranzuziehen, ist ausgeführt: Die gesetzliche Grundlage des Besteuerungsrechts der Landgemeinden der östlichen Provinzen bilde § 43 Tit. 7 Teil II. A. L.-R. Wer die Ausgaben aufzubringen hat, sei dabei nicht ausdrücklich bestimmt. Weder eine Beschränkung auf die Gemeindeglieder sei ausgesprochen, noch überhaupt eine Beschränkung auf Personen. Unabhängig hiervon sei jede Hebung gestattet, welche „dem Verhältnisse der landesherrlichen Steuern" entspreche. Eine solche ihrer Natur nach von der Person des Pflichtigen ganz absehende Steuer sei nun aber die Staatsgrundsteuer, welche von den ertragsfähigen Grundstücken — von den Liegenschaften — zu entrichten sei. Ihr unterlägen, wer immer auch der Besitzer sei, ob insbesondere eine juristische oder physische Person, an sich gleichmäßig alle Grundstücke als solche, und in demselben Umfange seien demnach die ländlichen Gemeinden den Grundbesitz ohne Unterschied der Person heranzuziehen berechtigt. (Vergl. § 12 des Gesetzes vom 14. April 1856 — G.-S. S. 359 —). Auch Fiskus habe in dieser Beziehung keine Sonderstellung (A. K.-O. vom 8. Juni 1834 — G.-S. S. 87 —). Die §§ 4 a. des Ges. vom 21. Mai 1861 (— G.-S. S. 253 —) und 13 des Ges. vom 30. Mai 1820 (G.-S. S. 134) ständen dieser Auffassung nicht entgegen. Vergl. § 1 Abs. 2 des Gesetzes vom 27. Juli 1885 (G.-S. S. 327).

Nr. 82.

Endurteil des I. Senats vom 15. Februar 1879 (Entsch. Bd. V. S. 97). Stammwerk S. 117.

Ganz dasselbe, wie von der Grundsteuer, gilt von der Gewerbesteuer.

Nr. 83.

Endurteil des I. Senats vom 9. Juni 1880 (Entsch. Bd. VII. S. 194). Stammwerk S. 130.

Es ist eine irrtümliche Annahme, daß die in dem bestätigten Abgabenregulierungsplane nicht einem andern Trennstückerwerber zuerteilten Gemeindelasten in öffentlich-rechtlicher Beziehung auf dem Stammhofe bleiben; denn nach § 24 des Gesetzes vom 3. Januar 1845 und nach § 2 letzter Absatz des Gesetzes vom 25. August 1876 bleiben, so lange eine Regulierung noch nicht erfolgt ist, alle Trennstücke für sämtliche Abgaben und Leistungen solidarisch verhaftet, welche dem ganzen Grundstücke oblagen oder mit Rücksicht auf dessen Besitz entrichtet werden mußten. Immerhin erwächst indeß dem für eine solche öffentliche Last in Anspruch genommenen Kläger aus der Mithaft der übrigen Parzellenbesitzer der Gemeinde gegenüber kein Recht auf Befreiung nach Maßgabe seines Minderbesitzes. Der Umfang der in der Gemeinde ausgeübten Rechte, namentlich das Stimmrecht, ist dabei zunächst von gar keiner Bedeutung. Dagegen besteht zweifelsfrei für den Gemeindevorsteher nach wie vor die Pflicht, zufolge § 7 des zuletzt gedachten Gesetzes die Verteilung der in den Dismembrationsplan übergangenen Abgaben und Leistungen noch nachträglich zu bewirken, und würde sich Kläger bei fortgesetzter Säumnis des Gemeindevorstehers mit dem Gesuche um Abhilfe an die zuständige Aufsichtsstelle zu wenden haben.

Nr. 84.

Endurteil des I. Senats vom 14. September 1878 (Entsch. Bd. IV. S. 145). Stammwerk S. 120.

Die Heranziehung der einzelnen direkten Staatssteuern nach verschiedenen Prozentsätzen bei der Verteilung der Gemeindeabgaben nach dem Verhältnis dieser Steuern ist zulässig.

Nr. 85.

Endurteil vom 3. März 1877 (Entsch. Bd. II. S. 108). Stammwerk S. 107.

Sowohl hinsichtlich der Bestätigung der Gemeindebeschlüsse über anderweite Aufbringung der Gemeindeabgaben und Dienste als hinsichtlich der Beschwerden über Heranziehung (Verpflichtung und Veranlagung) zu den Gemeindelasten findet das Verwaltungsstreitverfahren statt; im ersteren Falle jedoch nur unter der Voraussetzung, daß eben Streit besteht oder daß gegen die Bestätigung Einwendungen erhoben werden. Die Bedeutung dieser Bestätigung wird jedoch durch diesen lediglich das Verfahren betreffenden Umstand nicht berührt.

Nr. 86.

Endurteil des I. Senats vom 15. Februar 1870 (Entsch. Bd. V. S. 94). Stammwerk S. 117.

Nach § 43 Tit. 7 Teil II. A. L.-R. werden in den Landgemeinden die baren Geldausgaben in der Regel nach dem Verhältnisse der landesherrlichen Steuern aufgebracht. Deshalb sind auch eingetragene Genossenschaften, welche

Gewerbesteuer bezahlen, beitragspflichtig, auch wenn sie nicht zu den juristischen Personen gehören. Denn wer das steuerpflichtige Geschäft betreibt, ob eine einzelne physische Person, eine Mehrheit derselben, eine Aktiengesellschaft, juristische Person u. s. w., ist für die Besteuerung des Geschäfts grundsätzlich einflußlos.

Nr. 87.

Endurteil des I. Senats vom 28. April 1886 (Entsch. Bd. XIII. S. 223).

1) Die Besitzer von Kirchengrundstücken, welche in einer Dorfgemeinde des ehemaligen Fürstentums Erfurt belegen sind und durch Verpachtung genutzt werden, können sich wegen einer Befreiung von den Gemeindelasten auf die Allerh. Kab.-O. vom 8. Juni 1834 (G.-S. S. 87) nicht berufen, denn jene Grundstücke gehören nicht zu denen, welchen wegen ihrer „Bestimmung zu öffentlichen und gemeinnützigen Zwecken" die Befreiung zusteht, sie dienen jenen Zwecken nicht unmittelbar. Nur diese unmittelbare Bestimmung und nicht das Eigentums- und Besitzverhältnis ist das Maßgebende, also auch nicht das Eigentum solcher Personen oder Korporationen, welche „öffentliche und gemeinnützige Zwecke" verfolgen. Gleichgültig ist es auch, ob die Revenüen zu jenen Zwecken verwendet werden. (Siehe Stammwerk S. 32, Nr. 11, 3.)

2) Rechtsmittelschriften dürfen sich nicht auf folgende Fassung beschränken: „In Sachen . . . lege ich gegen das Endurteil vom . . . . die Berufung ein und beantrage, unter Aufhebung dieses Urteils nach dem Klageantrage zu erkennen", denn hier fehlt die Erkennbarmachung von Gegenstand und Ziel der Beschwerde gänzlich. Hinzukommen müßten noch irgend welche, wenn auch nur andeutungsweise erfolgende, durch die Bezugnahme auf Schriftsätze und Erklärungen der Vorinstanz zu ermöglichende Darlegungen, inwiefern der angefochtene Rechtsspruch Anlaß zur Beschwerde giebt, mithin zum Gegenstande derselben gemacht wird. (Siehe Stammwerk S. 439, 448.)

Nr. 88.

Endurteil des I. Senats vom 3. Februar 1886 (Entsch. Bd. XIII. S. 230).

Die in den Badeorten üblichen Kurtaxen sind als Gemeindeabgaben im Sinne des § 34 des Zust.-Ges. vom 1. August 1883 nicht anzusehen. Das Fundament dieser Forderungen ist ein rein privatrechtliches, die Gewährung gewisser Nutzungsrechte für eine Gegenleistung in Geld. Streitigkeiten hierüber können im Verwaltungsstreitverfahren nicht erledigt werden.

Nr. 89.

Endurteil des I. Senats vom 12. Januar 1887 (Entsch. Bd. XIV. S. 175).

1) Wenn eine Partei eine Rechtsmittelschrift so zeitig der Post übergiebt, daß das Schreiben nach dem regelmäßigen Postenlauf rechtzeitig bei der zur Empfangnahme berechtigten Behörde hätte eintreffen müssen, wenn gleichwohl dies Eintreffen durch inzwischen eingetretenen Schneefall vereitelt wurde und wenn dies die Postbehörde bescheinigt, so hat die Wiedereinsetzung in den vorigen Stand zu erfolgen, sofern ein dahin gerichteter Antrag gestellt worden ist. Die Entscheidung auf diesen Antrag steht dem Gerichte zu, welchem die Entscheidung über die versäumte Streithandlung obliegt, nicht also dem Gerichte erster Instanz, bei welchem die Revision anzumelden und zu rechtfertigen ist. (§§ 93 und 112 des L.-V.-G. vom 30. Juli 1883.)

2) Die Gemeindeversammlung ist kein Spruchkollegium, sie hält keine Sitzungen und besteht nicht aus Beamten. Jedes Gemeindemitglied kommt in dieselbe und entfernt sich aus ihr ganz nach Belieben.

3) Ist in einer Landgemeinde-Versammlung ein Beschluß gefaßt worden, so kann in derselben Versammlung und über denselben Gegenstand ein neuer Beschluß mit rechtlicher Wirkung nicht gefaßt werden, sofern nicht die sämtlichen bei der ersten Abstimmung zugegen gewesenen Stimmberechtigten noch anwesend oder nicht neue Stimmberechtigte inzwischen hinzugekommen sind.

4) Nur die Gemeinden selbst haben über außerordentliche Umlagen als ihre innere Angelegenheit zu beschließen, während der Gemeindevorsteher als ausführendes Organ die Beiträge zu verteilen und einzuziehen hat. Fehlt es an einem solchen Beschluß als dem Fundamente der Umlage, so ist die letztere unzulässig. (Vergl. Stammwerk S. 125, Nr. 41).

5) Ein Gemeindebeschluß ist rechtsunverbindlich, wenn er für die Tilgung einer Gemeindeschuld einen von der bestehenden Ortsverfassung abweichenden, besonderen Verteilungsmaßstab (z. B. den Grundsteuerfuß) einführen will. (Vergl. Stammwerk S. 118, Nr. 27).

Nr. 90.

Endurteil des I. Senats vom 15. Januar 1887 (Entsch. Bd. XIV. S. 191).

1) Gegenstand des Einspruchs und der Klage gegen die Gemeindesteuerveranlagung sind nur die einzelnen zur Hebung gestellten Abgabenbeträge, niemals die Abgabenpflicht an sich (in abstracto). Ein Antrag, dem Kläger die Vorrechte der Staatsbeamten hinsichtlich der Beitragspflicht zu den Gemeindelasten zuzuerkennen, ist demnach im Verwaltungsstreitverfahren unzulässig. (Ein alter, nicht oft genug zu wiederholender Grundsatz).

2) Die gesetzlichen Klagefristen sind im Interesse der öffentlichen Ordnung bestimmt; sie können deshalb durch Einverständnis der Parteien nicht abgeändert werden. Die Wahrung der Frist ist von dem Verwaltungsrichter von Amtswegen zu kontrolieren.

3) Ein von der Gegenpartei veranlaßter Rechtsirrtum kann, selbst wenn er durch eine irrtümliche Rechtsbelehrung hervorgerufen ist, niemals als ein unabweisbarer Zufall, welcher die Wiedereinsetzung in den vorigen Stand begründet, angesehen werden.

C. Grenzen der Gemeinden und Gutsbezirke, Angelegenheiten der letzteren.

Nr. 22.

Endurteil vom 26. April 1877 (Entsch. Bd. II. S. 157). Stammwerk S. 148.

Streitigkeiten der im § 41 des Zust.-Ges. von 1876 (jetzt § 26 des Zust.-Ges. von 1883) gedachten Art (über die Grenzen der Kommunalbezirke) können incidenter, d. h. wenn von ihrer Vorentscheidung die Beurteilung einer anderen Streitfrage, z. B. über die Kommunalsteuerpflicht eines Grundstücks, über Armenpflege, Stimmrecht u. s. w., abhängt, in dem Streitverfahren über letztere entschieden werden und zwar sowohl von den Verwaltungsgerichten als von den Zivilgerichten. Dies war schon von jeher und auch nach der Kreisordnung der Fall, jedoch erfolgte die Entscheidung über die Grenzen der Kommunalbezirke nur in Beziehung auf den speziellen Gegenstand der Klage; Zweck des § 41 ist nun aber die allgemeine und endgiltige Festsetzung der Grenzen. Es soll ausnahmsweise Recht gesprochen werden, nicht allein inter partes, sondern inter omnes. Eine auf Grund des § 41 erfolgte Festsetzung soll fortan allein maßgebend sein, es sei denn, daß eine nachher erfolgte Änderung behauptet wird. Da hierbei das öffentliche Interesse in hervorragendem Maße beteiligt ist, wird für solche Fälle die Bestellung eines besonderen Kommissarius in den höheren Instanzen (§ 44 Abs. 2 des Verwaltungsgerichtsgesetzes, jetzt § 74 des L.-V.-G. vom 30. Juli 1883) in der Regel angezeigt erscheinen.

Nr. 23.

Endurteil des I. Senats vom 6. Dezember 1879 (Entsch. Bd. IV. S. 85). Stammwerk S. 150.

Die Verwaltungsgerichte sind wohl zuständig zur Entscheidung über die Heranziehung von Einwohnern der Gutsbezirke zu den Lasten der letzteren im Wege der Kommunalbesteuerung, Voraussetzung bleibt aber, daß es sich thatsächlich um Lasten des Gutsbezirks handelt, nicht etwa z. B. um Lasten eines Hebeammenbezirks. Erst wenn die Staatsverwaltungsbehörde festgestellt hätte, daß die Aufwendungen für die Bezirkshebeammen lediglich von den einen Bezirk bildenden Gutsbezirken oder von einem Gutsbezirke aufzubringen seien und wenn dann die Last eines einzelnen Gutsbezirks auf dessen Eingesessene seitens des Gutsvorstehers umgelegt würde, könnte ein Streitverfahren hierüber gemäß § 49 des Zust.-Ges. von 1876 (jetzt § 34 des Zust.-Ges. von 1883) stattfinden.

Nr. 24.

Endurteil des I. Senats vom 6. Februar 1886 (Entsch. Bd. XIII. S. 188).

Die kommunale Zugehörigkeit der zum Stiftungsvermögen der Landkreise gehörigen Ländereien läßt sich nicht nach dem Inhalte der Hypothekenbücher beurteilen, sondern nur nach § 18 Tit. 7 Teil II A. L.-R. Unter den „bäuerlichen Grundstücken" sind nicht ausschließlich diejenigen zu verstehen, deren Besitzer als solche Gutsunterthanen waren oder zu einer Gutsherrschaft in einem dienstpflichtigen Verhältnisse standen. Pfarr- und Kirchengrundstücke können ebenso wie andere sehr wohl zum Bezirke der politischen Gemeinden gehören, ohne bäuerliche Lasten zu tragen. In der Regel giebt der Separationsrezeß darüber Auskunft, zu welchem Kommunalverbande dergleichen Grundstücke gehören. (Siehe Stammwerk S. 147 Ziffer 8.)

Nr. 25.

Endurteil des I. Senats vom 26. Mai 1886 (Entsch. Bd. XIII. S. 192).

1) Wenn in ein und demselben Dorfe von jeher mehrere selbständige Landgemeinden bestehen (z. B. im Regierungsbezirke Stettin die königlichen und die adligen Fischerwirte gewisser Ortschaften, welche jede ihre eigenen Schulzen haben), so können diese mit einander gewisse Angelegenheiten gemeinschaftlich betreiben, sie sind aber nicht befugt, diese Angelegenheiten als kommunale eines und desselben Gemeindeverbandes, einer gar nicht bestehenden Gemeinde, zu behandeln, auch kann keiner der beiden Schulzen seine Befugnisse, insbesondere die Einziehung der Gemeindeabgaben, auf die andere Gemeinde ausdehnen.

2) In alten Zeiten hat das Bestehen verschiedener Gerichtsbarkeiten in einem und demselben Dorfe hier und da dessen Scheidung in mehrere selbständige Gemeinden herbeigeführt, indessen ergiebt sich in der Regel doch aus den Separationsrezessen nur das Bestehen einer einheitlichen Gemeinde.

3) Die Besitzer von Fischerstellen oder Fischernahrungen können **als solche** (nicht wegen der Gemeinschaftlichkeit des Lebenslaufes) besondere Klassen der Landgemeindebewohner bilden, ebenso wie die Kossäthen, Ganz- und Halbhüfner u. s. w.

4) Gegen den Inhalt von Separationsrezessen können sich auch abweichende Observanzen bilden. Es handelt sich dabei nicht um einen privatrechtlichen Vertrag, sondern um die Regelung einer Gemeindeangelegenheit durch Beschluß, um einen Akt der Gemeinde-Autonomie; dieselbe entspringt danach ganz derselben Quelle, wie die Observanz.

Nr. 26.

Endurteil des I. Senats vom 29. Mai 1886 (Entsch. Bd. XIII. S. 200).

1) Vergl. Stammwerk S. 68 Nr. 1 und S. 70 Nr. 4. Die dort aufgestellten Grundsätze gelten auch für die in Folge von Veränderungen der Landgemeinden und Gutsbezirke zwischen den Beteiligten notwendig werdenden Auseinandersetzungen.

2) Aus der Änderung von kommunalen Grenzen (§ 1 des Gesetzes vom 14. April 1856) kann gesetzlich ein Entschädigungsanspruch zwischen den beteiligten Kommunalverbänden wegen Mehrbelastung mit kommunalen Pflichten nicht entstehen, die Beurteilung desselben kann nicht Gegenstand der Auseinandersetzung im Sinne des Gesetzes sein. Eine Ausnahme hiervon bildet die Last der öffentlichen Armenunterstützung. Wegen der in dieser Beziehung zu beobachtenden Grundsätze ist das Beispiel in dem Originalerkenntnisse nachzulesen.

Nr. 27.

Endurteil des I. Senats vom 5. Februar 1887 (Entsch. Bd. XIV. S. 186).

Ein zwischen einer Gemeinde und einem Eigentümer von Grundstücken gelegentlich der Inkommunalisierung der letzteren getroffenes Abkommen über das Beitragsverhältnis des Eigentümers zu den Gemeindeabgaben, ist, wenn dasselbe von der zuständigen Aufsichtsbehörde genehmigt ist, zwar rechtswirksam, allein die Gemeinde ist befugt, dies Abkommen durch einen von dem Kreisausschusse bestätigten Beschluß wieder außer Kraft zu setzen. (Stammwerk S. 118 und 119 Nr. 29 a). Jener Eigentümer kann dagegen auch nicht einwenden, daß er in Folge des letzteren Beschlusses gegen früher stärker belastet werde.

E. Gemeindewahlen.

Nr. 16.

Endurteil des I. Senats vom 17. April 1880 (Entsch. Bd. VI. S. 149).
Stammwerk S. 160, 161.

Darüber, daß der im § 45 Abs. 2 des Zuständigkeitsgesetzes von 1876 jetzt § 27 des Zust.-Ges. von 1883) gedachte Einspruch bei Vermeidung der Präklusion alle zu seiner Begründung erforderlichen thatsächlichen und rechtlichen Momente enthalten müsse, besteht eine ausdrückliche gesetzliche Bestimmung nicht. Auch für andere Fälle, in welchen die Gesetze sich des Ausdrucks „Einspruch“ oder ähnlicher Bezeichnungen wie „Widerspruch“, „Antrag auf mündliche Verhandlung“ bedienen, ist eine sofortige erschöpfende Motivierung des Einspruchs u. s. w. nicht vorgeschrieben (§ 37 des Verwaltungsgerichtsgesetzes —

jetzt § 64 des L.-V.-G. vom 30. Juli 1883 — § 128 des Zust.-Ges. von 1876, jetzt § 114 des Zust.-Ges. von 1883.). Es muß daher auf Einsprüche der vorliegenden Art die Vorschrift des § 41 Abs. 2 des V.-G.-G., jetzt § 71 des L.-V.-G. vom 30. Juli 1883, wonach die Parteien unter gewissen Bedingungen ihre thatsächlichen und rechtlichen Anführungen im Laufe der ersten Instanz ergänzen oder berichtigen können, Anwendung finden, und zwar um so mehr, als es gewiß nicht in der Absicht des Gesetzgebers gelegen hat, daß innerhalb der kurzen Frist (jetzt von zwei Wochen) der Einsprechende schon alle seine Bedenken geltend machen solle.

Hierzu ist zu bemerken, daß über die Gültigkeit der Wahlen der Gemeindevorsteher im Verwaltungsstreitverfahren nicht mehr entschieden wird, daß aber der vorstehende Rechtsgrundsatz auf Einsprüche anderer Art noch Anwendung findet.

Nr. 17.

Endurteil vom 20. Januar 1886 (Entsch. Bd. XIII. S. 209).

1) In Betreff der Weigerung eines Dorfeingesessenen, das Amt als Schulze zu übernehmen, knüpft das Gesetz den betreffenden Beschluß des Kreisausschusses unmittelbar an diese, ohne einen der im § 8 Abs. 2 der Kreisordnung bezeichneten „Entschuldigungsgründe". Denn nicht die formell mangelhafte Begründung der Weigerung soll bestraft werden, sondern die sachlich ungerechtfertigte, diejenige, welcher keine der im Gesetz anerkannten Entschuldigungsgründe zur Seite steht. Deshalb hat sich die auf die Amts-Annahme-Verweigerung folgende Beschlußfassung zugleich auf die Würdigung der Ablehnungsgründe und event. auf die Verhängung der für den Fall unberechtigter Weigerung vorgesehenen Nachteile zu erstrecken. Ein anderweites, besonderes, formelles Verfahren ist hierfür nicht vorgeschrieben.

2) Erklärt sich der Weigernde im Laufe der Verhandlungen bereit, das Amt nun doch übernehmen zu wollen, so werden die Nachteile für die einmal erfolgte Weigerung dadurch nicht beseitigt.

3) Diese Nachteile können auch über den Zeitpunkt hinaus ausgedehnt werden, mit welchem der Amtsverweigerer das 60. Lebensjahr erreicht.

Nr. 18.

Endurteil des I. Senats vom 22. Mai 1886 (Entsch. Bd. XIII. S. 215).

1) Vergl. Stammwerk S. 162 Nr. 6 und 7, S. 163 Nr. 8, S. 165 Nr. 11, 12 und 13.

2) Bei den Wahlen zur ländlichen Gemeindevertretung sind Blankettvollmachten als gültig anzusehen, dagegen kann eine Witwe, wenn sie nicht Vormünderin ihrer Kinder ist, namens der letzteren eine Vollmacht nicht ausstellen. Ebenso ist die Vollmacht einer Witwe ungültig, wenn in derselben ein anderer Name als der von ihr gewünschte eingeschrieben ist.

3) Der bei der Wahlverhandlung zugezogene Protokollführer braucht weder dem Wahlvorstande noch der Wahlversammlung anzugehören.

Nr. 19.

Endurteil des I. Senats vom 26. Februar 1887 (Entsch. Bd. XIV. S. 181).

In diesem Endurteile ist weiter nichts gesagt, als was in den Entscheidungen des Stammwerkes (siehe oben Nr. 18 Ziffer 1) bereits wiederholt auseinandergesetzt wurde, daß über die Gültigkeit der Wahlen eines Gemeinde-„Vorstehers" im Verwaltungsstreitverfahren nicht entschieden werden kann.

Zweite Abteilung.

Kultus, Schule und Personenstand.

VII.

Die Kirche.

(Einzuschalten auf S. 177 des Stammwerks).

Nr. 13.

Endurteil des I. Senats vom 27. März 1886 (Entsch. Bd. XIII. S. 235).

Nach dem § 1 des Zusatzes 212 des Ostpreußischen Provinzialrechtes (zu § 856 Tit. 11 Teil II A. L.-R.) gebührt den Witwen protestantischer Prediger da, wo Witwenhaus und Garten vorhanden und besondere Predigerwitwenhufen zur Pfarre geschlagen sind, der Genuß derselben. Außerdem hat die Witwe einen Anspruch auf ein von der Gemeinde auszusetzendes Gehalt, welches in der Regel 100 altpreußische Gulden (jetzt Mark) betragen soll, aber auch nach Lage der Verhältnisse ein geringeres sein kann. (§§ 6—8 a. a. O.). Die Aussetzung dieses Gehaltes ist eine gesetzliche Leistung der Pfarrgemeinde. Die im § 8 gestattete Minderung des Betrages beruht auf einer aus einem Hoheitsrechte abgeleiteten Befugnis der Aufsichtsbehörden und die in dieser Hinsicht getroffene Entscheidung unterliegt nicht der Nachprüfung des Ober-Verwaltungsgerichts. Auch kann das letztere nicht in eine Erörterung der Leistungsfähigkeit der Gemeinde und deren Mitglieder eintreten.

IX.

Die Schule.

B. Die Heranziehung zu Abgaben und sonstigen nach öffentlichem Rechte zu fordernden Leistungen für Schulen, welche der allgemeinen Schulpflicht dienen.

Nr. 53.

Endurteil vom 27. Dezember 1876 (Entsch. Bd. I. S. 221). Stammwerk S. 186.

Publikation der Gesetze. Nach § 10 der Einleitung zum A. L.-R. ist ein Haupterfordernis der verpflichtenden Kraft der Gesetze deren Bekanntmachung. (Zusatz des Verfassers: Über die ältesten Publikationsformen in Preußen vergl. die Wochenschrift „Selbstverwaltung" Jahrgang IX S. 145). Zur

Prüfung der Rechtsgültigkeit der Gesetze hinsichtlich der erfolgten Publikation in früherer Zeit sind zu beachten:

Die Verordnung vom 27. Oktober 1810 (G.-S. S. 1), die Verordnung vom 28. März 1811 (G.-S. S. 165), die Allerh. Kab.-O. vom 24. Juli 1826 (G.-S. S. 73). Nach diesen Bestimmungen ist auch die Frage zu beurteilen, ob der Allerh. Landtagsabschied für Schlesien betreffend die Unterhaltung der Schulen u. s. w. für gehörig publiziert zu erachten ist. Landtagsabschiede als solche haben nicht die Kraft geschriebener Gesetze, bedürfen vielmehr der für letztere vorgeschriebenen Publikation, um die Beteiligten rechtlich zu verpflichten.

Nr. 54.

Endurteil des I. Senats vom 27. Januar 1886 (Entsch. Bd. XIII. S. 238).

1) Nach § 38 der preußischen Schulordnung vom 11. Dezember 1845 behält es, wie einzelne Personen oder Korporationen durch besondere Rechtstitel zu gewissen Leistungen für die Elementarschule verpflichtet sind, dabei sein Bewenden. Ist demgemäß Fiskus verpflichtet, an eine Schule ein bestimmtes Quantum Brennholz zu liefern, so folgt daraus doch nicht, daß er den Mehrbedarf zu liefern habe, wenn die Ortsschule in Folge Anwachsens der Schulgemeinde erweitert werden muß und wenn dieser Schule neben Domainen, fiskalischen Dörfern auch Gemeinden, Ortschaften und Güter zugewiesen sind, welche nicht zum Dominium gehören.

2) Zu den Privatgutsherren in den beiden Provinzen Preußen gehören nicht nur die Besitzer der adligen, der vom Landesherrn zu adligen Rechten ausgethanen Güter, sondern auch die Besitzer der ehemaligen Domainenvorwerke, welche auf Grund der Domainen-Veräußerungs-Instruktion vom 25. Oktober 1810 veräußert worden sind und denen die Rittergutsqualität beigelegt worden ist. (Stammwerk S. 156 Nr. 18).

3) Ferner gehören dazu die Besitzer derjenigen Güter, welche nach Maßgabe des Landgemeinde-Verfassungsgesetzes vom 14. April 1856 zu selbständigen Gutsbezirken erhoben sind. (Stammwerk S. 204 Nr. 45).

4) Besitzungen, welche bis zum Erlaß der Kreisordnung der fiskalischen Gutsherrlichkeit unterworfen waren und seitdem nicht in den Formen des Gesetzes zu selbständigen Gutsbezirken erhoben sind, haben ihre frühere Eigenschaft nicht verloren, deren Aufnahme in die Liste der Gutsbezirke ist ohne rechtliche Bedeutung.

Nr. 55.

Endurteil des I. Senats vom 1. Mai 1885 (Zentralbl. f. d. Unterrichtsverwaltung S. 649).

Unter Schulen in den Domänendörfern (§ 45 der Schulordnung vom 11. Dezember 1845) sind Schulen für die Domänenhintersassen (Dominialeinsassen) zu verstehen. Die Verpflichtung des Fiskus zur Gewährung des Brennholzes für Schulen in den Domänendörfern erstreckt sich auf alle Ortschaften im Dominium, ohne Unterschied, ob dieselben eine ländliche Gemeindeverfassung haben oder nicht.

Der Schulvorstand ist Vertreter der Schule, er ist nicht berufen zur Vertretung der zur Schule gehörigen Gemeinden und Ortschaften.

Die Schulmatrikeln schaffen kein neues Recht, sondern haben nur die bestehenden Rechtsverhältnisse zu konstatieren. Die Matrikeln haben daher an sich nicht den Charakter von Verträgen, noch erhalten sie denselben für den

Fiskus durch Bestätigung der Schulaufsichtsbehörde, wohl aber können die Festsetzungen der Matrikel auf Verträgen beruhen, und sind diese Festsetzungen dann maßgebend, soweit die Verträge maßgebend und rechtsverbindlich sind.

Nr. 56.

Endurteil des I. Senats vom 10. März 1886 (Entsch. Bd. XIII. S. 244).

1) Wenn das Gesetz in der herkömmlichen Leistung des Brennmaterials für die Schule von Seiten des Gutsherrn den Verpflichtungsgrund findet, auch für das erweiterte Bedürfnis einzutreten, so ist diese Verpflichtung nicht durch Ablösung der beständigen Leistung an Holz beseitigt.

2) Im Geltungsbereiche der Schulordnung für die Provinz (Ost- und West-) Preußen vom 11. Dezember 1845 (G.-S. 1846 S. 1) liegt es dem Schulvorstande ob, die „Schule" in Prozessen zu vertreten (§ 32), dagegen ist der Schulvorstand zur Vertretung des Schulverbandes, d. h. der zur Schule gehörenden Gemeinden und Ortschaften, nicht berufen.

3) Demselben Schulvorstande liegt es auch ob, die Abgaben und Leistungen für die Schule nach Maßgabe des Gesetzes auf die Pflichtigen zu verteilen und auszuschreiben.

4) Ein Antrag auf Beiladung eines dritten, aus Gründen des öffentlichen Rechtes Verpflichteten ist in der Revisionsinstanz nicht mehr zulässig (§ 46 Abs. 3 des Zuständigkeitsgesetzes vom 1. August 1883, §§ 70 und 95 des Landesverwaltungsgesetzes vom 30. Juli).

Nr. 57.

Endurteil des I. Senats vom 30. Juni 1886 (Entsch. Bd. XIII. S. 248).

1) Über die Schulbeitragspflicht der Geistlichen nach Neuvorpommerschem Provinzialrechte vergl. Stammwerk S. 188 Nr. 7 und S. 203 Nr. 44.

2) Über die Aufbringung der den Elementarlehrern in Neuvorpommern an Stelle des Schulgeldes zu gewährenden festen Besoldung mit der Maßgabe, daß ein Teil der Verpflichteten von Beiträgen gänzlich frei bleibe, können die Beteiligten eine freie Vereinbarung treffen. Eine solche ist maßgebend, sobald dazu die Genehmigung der Schulaufsichtsbehörde erteilt worden ist.

3) Eine auf Irrtum beruhende Überzeugung begründet kein Gewohnheitsrecht.

Nr. 58.

Endurteil des I. Senats vom 27. Februar 1886 (Entsch. Bd. XIII. S. 254).

1) Die Reglements für die katholischen Schulen in Schlesien kennen keine Schulgemeinde mit selbständiger juristischer Persönlichkeit. Die zu einer Schule geschlagenen Gemeinden und Herrschaften haben die Schule zu unterhalten. Sie werden nicht durch den Schulvorstand vertreten. Gegen die einzelnen Gemeinden und Dominien, welche die „Beteiligten" im Sinne des § 46 Abs. 3 des Zuständigkeitsgesetzes vom 1. August 1883 sind, müssen Klagen wegen Überbürdung mit Schulleistungen gerichtet werden.

2) Handelt es sich um die Zurückzahlung zwangsweise eingezogener Schulbeiträge, so ist der Klageantrag gegen den Schulvorstand zu richten, welcher den Betrag ausgeschrieben und eingezogen hat.

3) Nicht nur von dem Gutsherrn des Schulortes, sondern von sämtlichen zum Schulbezirke gehörenden Dominien sind in Schlesien die für den

Lehrerunterhalt seitens der Dominien aufzubringenden Beträge für katholische Schulen zu leisten. (Vergl. Stammwerk S. 186 Nr. 4, S. 192 Nr. 15, und S. 193 Nr. 19.

Nr. 59.

Endurteil des I. Senats vom 29. Dezember 1886 (Entsch. Bd. XIV. S. 197).

1) Reklamationen gegen Schulbeiträge können und müssen nicht bei der benachrichtigenden, sondern bei der gesetzlich zur Veranlagung berufenen Behörde angebracht werden. Stammwerk S. 189 Nr. 12, 190, Ziffer 5 und S. 198 Nr. 30. Wenn die Benachrichtigung auch nicht von der veranlagenden Behörde ausgeht, so steht das der formellen Berechtigung, zu klagen, nicht entgegen. Wenn der Schulvorstand eine derartige gegen die Benachrichtigung der anderen Behörde (hier des Landrates) gerichtete Reklamation zurückgewiesen und etwa noch andere amtliche Äußerungen nach dieser Richtung hin abgegeben hat, so ist daraus zu folgern, daß er die landrätliche Benachrichtigung gut geheißen hat.

2) Die Verpflichtung der schlesischen Gutsherren zu Schulbeiträgen ist eine subsidiäre, sie umfaßt nur die Beiträge derjenigen im Gutsbezirke wohnenden Hausväter, welche jene aufzubringen unvermögend sind. Der Schulvorstand hat zunächst die Beiträge auf alle zur Schule gewiesenen Hausväter in den Gemeinden wie in den Gutsbezirken umzulegen, und sodann entscheidet die Regierung, welche von den Gutseingesessenen zur Aufbringung ihrer Beiträge ganz oder teilweise unfähig sind, und auf Grund dieser Entscheidung veranlagt dann wiederum der Schulvorstand die auf die Leistungsunfähigen entfallenden Beitragsquoten auf die Gutsherren.

3) Nur die eine thatsächliche Voraussetzung der gutsherrlichen Beitragspflicht, die Frage nach der Leistungsfähigkeit der Gutseingesessenen, ist der Entscheidung der Regierung vorbehalten und sowohl der Beschlußfassung des Schulvorstandes als dem Verwaltungsstreitverfahren entzogen.

4) Der § 33 Tit. 12 Teil II. A. L.-R's bildet noch jetzt geltendes Recht. Stammwerk S. 201 Nr. 38, 39.

5) Die Verpflichtung der Gutsherren aus § 33 ist eine subsidiäre und reicht nicht weiter, als die prinzipale Verpflichtung der leistungsunfähigen Hausbesitzer des Gutsbezirkes, die Gutsherren können deshalb auch nicht zu solchen Beiträgen herangezogen werden, für welche eine prinzipale Verpflichtung der Gutseinsassen nicht bestanden hat oder inzwischen erloschen ist.

Nr. 60.

Endurteil des I. Senats vom 9. Oktober 1886 (Entsch. Bd. XIV. S. 203).

1) Zu den „Hintersassen" der Gutsherren gehören nicht nur die Einwohner der ihrer Gutsherrlichkeit unterworfenen Gemeinden, sondern alle ihrer Gutsherrlichkeit unterworfenen Insassen, mögen sie in Gemeinden wohnen oder in Ortschaften, welche keine Gemeinden bilden. Stammwerk S. 184 Nr. 7. Auch sind die Anwohner auf gutsherrlichem Vorwerkslande hinsichtlich ihrer Rechte dem Gutsherrn gegenüber durch die preußische Schulordnung nicht anders gestellt, als die Anwohner auf dem Rustikallande, die Mitglieder der Landgemeinde.

2) Das „Herkommen" gehört nicht zu den besonderen Rechtstiteln, wenn sich aber ein solches hinsichtlich der sogenannten Schul-Patronatslasten (Hergabe von Brenn- und Bauholz) in einem Schulbezirke gebildet hat, so ist dasselbe unbedingt und allein maßgebend, so daß, wenn Hintersassen mehrerer Gutsherren zu einem Schulbezirke gehören und nur einer die Patronatslasten

getragen, dieser dieselben auch fernerhin allein in dem bisherigen Umfange zu gewähren hat, während für das erweiterte Bedürfnis Fiskus für seine Hintersassen, der Privatgutsherr, falls er herkömmlich dazu verpflichtet ist, ebenfalls für seine Hintersassen einzutreten hat und die Gemeinden, deren Gutsherren eine herkömmliche Verpflichtung nicht obliegt, Bau- und Brennholz selbst zu beschaffen haben.

Nr. 61.

Endurteil des I. Senats vom 12. Februar 1887 (Entsch. Bd. XIV. S. 212.)

1) Das Reglement für die katholischen Schulen in Schlesien vom 18. Mai 1801 findet auf die dortigen evangelischen Schulen keine Anwendung. Die Kabinetsordre vom 5. Dezember 1816 hat keine Gesetzeskraft, weil sie nicht in der Gesetzsammlung publiziert ist. Stammwerk S. 204, N. 46, S. 187, Ziffer 4. (Landtagsabschiede.)

2) Für die Unterhaltung der evangelischen Schulen Schlesiens fehlt es an einer provinzialrechtlichen Norm (Stammwerk S. 186, N. 4); auf sie finden daher die §§ 29 ff. Tit. 12, Teil II A. L.-R. Anwendung.

3) Übernimmt Fiskus die Gewährung des s. g. Dominialdrittels auf Grund der Kabinetsordre vom 5. Dezember 1816, oder übernehmen die Dominien die Leistung des Viertels an Brennmaterial und Bargehalt auf Grund des Landtagsabschiedes vom 22. Februar 1829, so mindert sich (thatsächlich) die Last der Schulgemeinde um diese Beträge; aber in den Rechtsverhältnissen der Schulgemeinde, in der Verbindlichkeit sämtlicher Hausväter, das Fehlende aufzubringen, wird dadurch nichts geändert.

4) Die Übernahme eines Teiles der Schullast von seiten des Domainenfiskus bezw. der Dominien hat nicht die rechtliche Folge, daß die Verpflichtung zur Tragung des verbleibenden Teiles der Schullast von den Hausvätern auf die politischen Gemeinden übergeht. Dieser Uebergang kann nur bewirkt werden durch einen förmlichen, von den Aufsichtsbehörden bestätigten Gemeindebeschluß.

5) Die Regierung als Schulaufsichtshörde kann nichts verfügen und anordnen, was dem Gesetze entgegenläuft.

Nr. 62.

Endurteil des I. Senats vom 13. Oktober 1886 (Entsch. Bd. XIV. S. 215).

Nach § 19 lit. b des Reglements für die kathol. Schulen in Schlesien ist das Deputatgetreide von den wirklichen Ackerbesitzern aufzubringen. Zwischen dem Acker im Dominium und dem in der Gemeinde wird ein Unterschied nicht statuiert.

Nr. 63.

Endurteil des I. Senats vom 5. Februar 1887 (Entsch. Bd. XIV. S. 216).

Nach dem hannoverschen Gesetze vom 26. Mai 1845 (hannov. G.-S. I. S. 465) befreit der Besuch öffentlicher und ebenso auch höherer Privatschulen von der Bezahlung des ganzen Schulgeldes, welches nach der Verfassung des betreffenden Schulbezirkes zur Erhaltung der öffentlichen Volksschule zu erlegen ist. Vergl. Ges. vom 24. Mai 1861 (G.-S. S. 241) und V. vom 16. September 1867 (G.-S. S. 1515).

C. Schulbauten.

(Einzuschalten auf S. 210 des Stammwerkes).

Nr. 11.

Endurteil des I. Senats vom 13. Februar 1886 (Entsch. Bd. XIII. S. 257).

Nach dem (von dem § 78 des Zuständigkeitsgesetzes vom 26. Juli 1876 in dieser Beziehung abweichenden) § 47 des Zust.-Ges. vom 1. August 1883 haben die einzelnen Hausväter des Schulverbandes ebensowenig wie die einzelnen Mitglieder einer schulbaupflichtigen Gemeinde (preußische Schulordnung) ein Klagerecht in Schulbausachen. Die Beiträge, welche von dem Vorstande des Schulverbandes zur Deckung der Schulbaukosten auf die Hausväter ausgeschrieben werden, stellen sich nach jetziger Lage der Gesetzgebung völlig gleich denen, welche zur Bestreitung anderer Schulbedürfnisse: des Lehrergehalts, der Beschaffung von Lehr- und Lernmitteln von den Hausvätern gefordert werden. Alle derartigen Ausgaben und Lasten fallen unter den § 46 des Zust.-Gesetzes vom 1. August 1883.

Nr. 12.

Endurteil des I. Senats vom 20. Februar 1886 (Entsch. Bd. XIII. S. 261).

1) Durch § 4 der Verordnung wegen allgemeiner Separation der Küstereien an Filialkirchen von den Küstereien an den Mutterkirchen vom 2. Mai 1811 (G.-S. S. 193) ist die Verbindlichkeit mancher Tochterkirchen zur Unterhaltung der Schullehrer- und Küsterwohnungen bei der Mutterkirche aufgehoben, wogegen die Schullehrer- und Küsterwohnung bei der Tochterkirche durch verhältnißmäßige Beiträge aller zu derselben eingepfarrten Dörfer gemeinschaftlich unterhalten werden soll.

2) Ein die Schulbaulast regelnder, von der General-Kommission bestätigter Regulierungs-Rezeß ist Teil der Ortsverfassung geworden.

8) Die auf Grund der V. vom 2. Mai 1811 zu Küsterwohnungen gewordenen Schulhäuser gehören nicht zu den Küster- und Schulhäusern, welche durch das Gesetz vom 21. Juli 1846 (G.-S. S. 392) und in Gemäßheit des § 37 Tit. 12, Teil II. A. L.-R. als kirchliche Gebäude von den kirchlichen Interessenten in ihrem ganzen Bestande, also auch hinsichtlich der nur zu Unterrichtszwecken dienenden Räume zu unterhalten sind.

Nr. 13.

Endurteil des I. Senats vom 30. Dezember 1885 (Entsch. Bd. XIII. S. 265).

1) Utensilien, welche zur Ausstattung eines den Schulzwecken gewidmeten Gebäudes für den Unterricht notwendig sind, sind als ein Zubehör des Gebäudes nicht zu erachten und infolgedessen nicht von demjenigen zu beschaffen, welchem die bauliche Herstellung der Schulräume obliegt. Stammwerk S. 208. N. 5.

2) Schulbänke (Subsellien) können unter Umständen Pertinenz eines Schulhauses werden, es bilden aber hierbei immer Handlungen oder Willenserklärungen der Beteiligten im Sinne der §§ 42, 44 I. 2. A. L.-R. die Voraussetzung. Schulutensilien sind auch keine Nebensachen nach § 46 a. a. O., noch weniger sind sie den Gerätschaften beizuzählen, welche nach der Bestimmung des Gebäudes dem Betriebe eines gewissen Gewerbes gewidmet sind. (§ 79 a. a. O.). Eine Sache, welche für ein Schullokal notwendig ist, erscheint deshalb noch nicht als die Pertinenz eines Schulgebäudes.

3) Schulgebäude lassen sich nicht mit einer Fabrik (§ 93 a. a. O.) vergleichen, sondern nur mit Fabrikgebäuden.

4) Die Beteiligten im Sinne des § 47 des Zust.-Ges. vom 1. August 1883 bei Schul- und Küsterhausbauten sind nach Maßgabe des Gesetzes vom 21. Juli 1846 die Kirche resp. der Patron, die Eingepfarrten (Kirchengemeinde) und die, denen in Ermangelung eines Küsterhauses die Unterhaltung einer gemeinen Schule obliegen würde. Diese Rechtssubjekte können gegen einander auf Feststellung ihrer baulichen Verpflichtungen klagend vorgehen. Die zur Unterhaltung der Schule Verpflichteten können von der Kirche die Übernahme eines Teiles der Baupflicht fordern, auch hindert nichts, daß sie den Kirchenpatron direkt in Anspruch nehmen. Der Kirchenvorstand kann von dem Patrone und der Pfarrgemeinde die Erfüllung ihrer subsidiären Verbindlichkeit verlangen und letztere können, wenn sie glauben, die Kirche habe selbst die Mittel, um die Baukosten zu decken, gegen diese klagen.

Nr. 14.

Endurteil des I. Senats vom 3. Juli 1886 (Entsch. Band XIII. S. 274).

Wenn die Erweiterung einer Schule in Ost- oder Westpreußen nicht in dem Beitritt benachbarter Grundherren oder Ortseingesessenen, sondern in der wachsenden Einwohnerzahl der Schulgemeinde ihren Grund hat, so sind nach § 54 der Schulordnung vom 11. Dezember 1845 zwei Fälle zu unterscheiden: Entweder es sind in betreff des einzelnen Baufalles besondere Vereinbarungen getroffen oder nicht. Letzteren Falles wird der Umfang der gutsherrlichen Leistungen lediglich nach den Gesetzen geregelt und nicht in abweichender Weise nach Herkommen oder Verträgen.

Nr. 15.

Endurteil des I. Senats vom 21. April 1886 (Entsch. Bd. XIII. S. 279).

In Schlesien bilden die zur katholischen Schule gehörenden Dörfer den Schulverband und in jedem Dorfe sind Gemeinde und Gutsherrschaft zu den Schulbauten beitragspflichtig. (§ 13 des General-Landschulreglements vom 3. November 1765.) Bei Meinungsverschiedenheiten über die Beiträge zwischen den Gutsherrschaften und Gemeinden entscheidet die Regierung, wenn es an gültigen Verträgen oder rechtsbeständigen Gewohnheiten mangelt.

Nr. 16.

Endurteil des I. Senats vom 26. Februar 1887 (Entsch. Bd. XIV. S. 229).

1) Wenn der § 35 Tit. 12 Teil II. A. L.-R's bestimmt, daß das Mitglied einer fremden zugeschlagenen Gemeinde zur Unterhaltung der Schulgebäude nur halb so viel beiträgt, als ein Einwohner von gleicher Klasse an dem Orte, wo die Schule sich befindet, so kann dies nur so verstanden werden, daß diese Erleichterung nicht schon bei der Zuweisung *einzelner* Einwohner, sondern nur dann Platz greift, wenn eine *ganze* fremde Schulgemeinde einem bestehenden Schulverbande zugeschlagen wird.

2) Der § 31 Tit. 12 Teil II. A. L.-R's will zwar bei der Verteilung der Schulbaulasten das Verhältnis der Besitzungen (des Einkommens aus Grundeigentum) und der Rechnungen (des Einkommens aus Kapital und Arbeit) berücksichtigt sehen, schreibt aber keinen bestimmten Verteilungsmaßstab vor, insbesondere nicht den nach den gleichen Sätzen der sämtlichen direkten Staatssteuern.

3) Die durch Einschulungsverfügung zu Mitgliedern des Schulverbandes gewordenen Einzelpersonen können auch zu Beiträgen behufs Tilgung solcher Schulbaukosten herangezogen werden, welche bereits vor deren Eintritt in den Schulverband erwachsen waren.

Nr. 17.

Endurteil des I. Senats vom 23. Februar 1887 (Entsch. Bd. XIV. S. 231).

1) Wenn im § 36 Tit. 12 Teil II. A. L.-R. dem Gutsherrn des Schulortes die Verpflichtung zur unentgeltlichen Verabfolgung der auf dem „Gute" gewachsenen oder gewonnenen Materialien auferlegt wird, so können hier unter „Gut" nur die herrschaftlichen Grundstücke verstanden werden im Gegensatze zu den bäuerlichen (§§ 18 und 108 Tit. 7 Teil II A. L.-R.).

2) Aus den herrschaftlichen Grundstücken haben sich die Gutsbezirke entwickelt (Stammwerk S. 146 Nr. 2), deshalb decken sich in der Regel die Grenzen des Gutes und des Gutsbezirks.

3) Die rechtliche Einheit des Gutes wird dadurch nicht berührt, wenn für einen Teil des Gutes ein besonderer Gutsvorsteher bestellt ist (§ 32 der Kreisordnung, Hannover § 37, Hessen-N. § 38), oder wenn das Gut nicht einem, sondern mehreren Amtsbezirken zugeteilt ist.

4) Diejenigen bäuerlichen Grundstücke, welche der Gutsherr, nach dem Normaljahre eingezogen, nach Erlaß der Edikte vom 7. Oktober 1807 und 14. September 1811 erworben hat, werden von der Verpflichtung im § 36 Tit. 12 Teil II. A. L.-R's nicht betroffen. Dasselbe gilt, wenn der Gutsherr Teile eines fremden selbständigen Gutes oder einer fremden bäuerlichen Feldmark erworben hat, so lange dieselben nicht durch einen besonderen Staatsakt dem Gute einverleibt sind.

Nr. 18.

Endurteil des I. Senats vom 12. März 1887 (Entsch. Band XIV. S. 235).

1) Während der Herrschaft des A. L.-R's hat sich eine von der Vorschrift des § 36 Tit. 12 Teil II. a. a. O. abweichende Observanz überhaupt nicht bilden können.

2) Nach § 4 der V. vom 2. Mai 1811 (oben Nr. 12) hat man zwischen Schulbauten und Küstereibauten zu unterscheiden. Unter den Reparaturen der ersteren Art sind diejenigen zu verstehen, welche die Wohnräume des Küsters und Lehrers, unter den letzteren die, welche das Schulzimmer und die Wirtschaftsgebäude desselben betreffen.

3) Die Pflichten der städtischen Magistrate und der ländlichen Gutsherrschaften aus § 36 Tit. 12 Teil II. A L.-R's werden nicht durch die Thatsache beeinflußt, daß die in einem Filialkirchdorfe belegene Schulstelle mit der Küsterei der Tochterkirche verbunden wird.

Nr. 19.

Endurteil des I. Senats vom 29. Januar 1887 (Entsch. Band XIV. S. 239).

1) Das Verfügungsrecht über das Eigentum von Schul- und Kirchengemeinden steht nicht der Kirchen- und Schulabteilung der Regierung, sondern ausschließlich der gesetzlichen Vertretung dieser Institute unter Genehmigung der Aufsichtsbehörde zu.

2) Der Inhalt eines Gemeinheitsteilungsrezesses beweist den Rechtszustand zur Zeit des Rezeßabschlusses, enthält aber keine unabänderlichen Rechtsnormen

für die Zukunft und steht namentlich der Abänderung und Fortbildung solcher Rechtsnormen durch spätere Observanz nicht entgegen.

3) Die Baupflicht liegt bei Küsterschulen sowohl nach Landrecht, als nach Neumärkischem Provinzialrechte ausschließlich den kirchlichen Interessenten ob.

Nr. 20.

Endurteil des I. Senats vom 5. Januar 1887 (Entsch. Bd. XIV. S. 243).

1) Wenn Jemand der Schulaufsichtsbehörde gegenüber die Befreiung von einer ihm durch Resolut auferlegten Leistung zu Küsterei- und Schulbauten erlangen will, so liegt es ihm ob, gemäß § 47 Abs. 2 des Zuständigkeitsgesetzes vom 1. August 1883 die Klage zugleich gegen den mitzurichten, den er statt seiner zu dieser Leistung für verpflichtet erachtet. Der Kreisausschuß muß den demgemäß gegen die Schulgemeinde erhobenen Anspruch prüfen und, wenn er findet, daß derselbe unbegründet ist, die Klage gänzlich abweisen, er darf aber das Resolut der Regierung nicht deshalb aufgeben, weil der Kläger zu der ihm angesonnenen Leistung nicht principaliter, sondern nur für den Fall des Unvermögens der Kirchenkasse verpflichtet sei, und allein den gegen die Schulgemeinde gerichteten Antrag zurückweisen.

2) Die in Auseinandersetzungs-, Gemeinheitsteilungs- und Ablösungs-Rezessen über die Regelung öffentlich — rechtlicher Verhältnisse, wie: über den Bau und die Unterhaltung öffentlicher Wege und Gräben, über das Beitragsverhältnis zu den Gemeinde-, Kirchen- und Schullasten getroffenen Festsetzungen haben nicht lediglich den Charakter von vertragsmäßigen, nach den Normen des Privatrechtes zu beurteilenden Abmachungen zwischen den Interessenten, sondern sie sind unter Mitwirkung der hierzu staatlich verordneten Auseinandersetzungsbehörden zu Stande gekommene autonome Satzungen des lokalen öffentlichen Wege-, Gemeinde-, Kirchen- und Schulrechtes bezw. Beurkundungen solcher Satzungen, mithin nicht sowohl als besondere Rechtstitel im Sinne des Privatrechtes, sondern als lokales öffentliches Recht anzusehen. (Stammwerk S. 118 Nr. 29 a, S. 130 Nr. 54, oben Nr. 12).

3) Die Aufhebung oder Abänderung solcher Satzungen des geschriebenen Lokalrechtes durch Observanz ist rechtlich zulässig, die gemeinschaftliche Quelle beider ist die Autonomie (siehe unten bei den Wegesachen das Endurteil vom 22. Mai 1886).

4) Die Vorschrift des § 3 Abs. 1 in dem Gesetze vom 21. Juli 1846 findet auf die Unterhaltung von Erweiterungsbauten für Schulzwecke nur Anwendung, wenn das Bedürfnis nach solchen Bauten erst nach Erlaß des Gesetzes eingetreten ist.

5) Neue Abtritte für die Schulkinder sind nicht als Vervollständigung der Baulichkeiten des gemeinsamen Küster- und Schulgehöftes anzusehen.

Nr. 21.

Endurteil des I. Senats vom 2. Februar 1887 (Entsch. Bd. XIV. S. 253).

(Wiederholung des Grundsatzes in Nr. 20 Ziffer 4).

Nr. 22.

Endurteil des I. Senats vom 27. Oktober 1886 (Entsch. Bd. XIV. S. 255).

1) Das Verfahren in streitigen Schulbausachen und in Wegebausachen ist durch §§ 47 und 56 des Zust.-Ges. vom 1. August 1883 im Wesentlichen übereinstimmend geregelt. Deshalb paßt auch auf die ersteren der Rechtsgrundsatz

im Stammwerke S. 336, 337, Nr. 49 Ziffer 1 und 2, wonach in einem gegen den Beschluß der nach § 47 Abs. 1 des Zuständigkeitsgesetzes vom 1. August 1883 zuständigen Aufsichtsbehörde anhängig gemachten Streitverfahren die Klage stattfindet und zwar zugleich gegen denjenigen anderen, den man statt seiner zu der angesonnenen Leistung für verpflichtet erachtet, widrigenfalls der in Anspruch Genommene in dem Klageverfahren gegen die Behörde letzterer gegenüber dieses Einwandes verlustig geht.

2) Nach § 2 des Gesetzes vom 21. Juli 1846 sind einzelne Ortschaften, Gemeinden, Teile von Gemeinden oder Einwohnerklassen, welche innerhalb der Parochie, zu der die Küsterei gehört, mit Genehmigung der Behörden eine öffentliche Schule haben, von Beiträgen zu denjenigen Bauten und Reparaturen an dem Schul- und Küsterhause frei, welche allein durch das Bedürfnis der Schulanstalt veranlaßt werden. Nicht also die nach § 37 Tit. 12 Teil II A. L.-R's zur Unterhaltung des Küsterhauses Verpflichteten: die Kirchenkasse bezw. der Patron und die Kirchengemeinde, die Eingepfarrten, sollen frei von Beiträgen der fraglichen Art sein, sondern die innerhalb des Bezirkes der Kirchengemeinde belegenen einzelnen Gemeinden u. s. w., welche eine eigene öffentliche Schule haben.

3) Die Kirchengemeinde als solche kann irgend welche Ansprüche für sich aus dem § 2 weder der Schulaufsichtsbehörde noch auch den sogenannten Schulinteressenten gegenüber geltend machen.

4) Die Unterverteilung der Baukosten in den einzelnen Gemeinden und sonstigen Verbänden soll der Beschlußfassung der Schulaufsichtsbehörden nicht unterliegen.

5) Den verfassungsmäßigen Organen der Kirchengemeinde bleibt es überlassen, falls sie im gegebenen Falle den § 2 des Gesetzes vom 21. Juli 1846 für anwendbar erachten, die Bestimmungen desselben bei der Unterverteilung jener Kosten auf die Pflichtigen innerhalb der Parochie entsprechend zu berücksichtigen.

Nr. 23.

Endurteil des I. Senats vom 26. März 1887 (Entsch. Bd. XIV. S. 259).

1) Der § 37 Titel 12 Teil II A. L.-R's macht die Verpflichtung der kirchlichen Interessenten zur Unterhaltung eines Schulhauses, welches zugleich die Küsterwohnung enthält, nicht von dem Umstande abhängig, daß der Kirche das Eigentum des Küster- und Schulhauses zusteht. Die Worte „Wo das Schulhaus zugleich die Küsterwohnung ist" können nur dahin verstanden werden, daß das Haus dazu bestimmt sein muß, dem Küster als Wohnung zu dienen. Die Zweckbestimmung, nicht das dominium civile ist maßgebend, wenn es sich um die Frage handelt, ob die Unterhaltung des Schulhauses auf eben diese Art, wie bei Pfarrbauten vorgeschrieben ist, besorgt werden muß.

2) Auch die Streitfrage, ob die Baukosten aus dem Vermögen der evangelischen Kirche bestritten werden müssen oder im Falle der Unzulänglichkeit des Kirchenvermögens von dem Patron und der Gemeinde, unterliegt der Entscheidung der Verwaltungsgerichte bezw. dem Beschlusse der Schulaufsichtsbehörden.

Dritte Abteilung.

Polizeiliche Angelegenheiten.

XII.

Polizeiliche Verfügungen im Allgemeinen, auch Zwangsmittel.

Nr. 81.

Einschaltung am Schlusse des Endurteils des I. Senats vom 24. Juni 1885 (Entsch. Bd. XII. S. 405). Stammwerk S. 254. 255.

Durch polizeiliche Ausweisungen, welche eine thatsächliche Entfernung nicht zur Folge haben (z. B. wenn der Ausgewiesene nach der Abführung jedesmal zurückkehrte), wird der Aufenthalt nicht unterbrochen. Erk. des B.-A. vom 27. März 1875 (Wohlers 6, S. 3); desgl. vom 8. März 1879 (eod. 11 S. 5).

Nr. 82.

Endurteil des I. Senats vom 21. April 1886 (Entsch. Bd. XIII. S. 420).

Die Befugnis des Eigentümers eines an einen öffentlichen Weg grenzenden Grundstücks zum Schutze des letzteren gegen das Betreten der Passanten ist bezüglich der Wahl der Schutzmittel nicht lediglich dadurch beschränkt, daß diese den Verkehr auf dem Wege selbst nicht gefährden, vielmehr reicht diese Beschränkung so weit, daß die Schutzmittel auch nicht Leben, Gesundheit und Eigentum derer in Gefahr bringen dürfen, welche vom Wege abkommen, ohne diese Gefahr bewußt und leichtsinnig herauszufordern. Das ist anwendbar auf Stacheldrahtzäune.

Nr. 83.

Endurteil des I. Senats vom 10. April 1886 (Entsch. Bd. XIII. S. 424).

Dem Inhaber eines kaufmännischen Geschäftes, welcher wiederholt wegen unbefugten Ausschankes von geistigen Getränken bestraft worden ist, darf aus diesem Grunde das Geschäft im Wege des polizeilichen Zwanges nicht geschlossen werden.

Nr. 84.

Endurteil des I. Senats vom 3. Juli 1886 (Entsch. Bd. XIII. S. 426).

Jedermann ist befugt, sein Grundstück durch Herstellung eines Zaunes abzugrenzen, er hat sich dabei über die Einhaltung der Grenze seines Grundstückes mit Nachbargrundstücken, soweit es sich nicht etwa um öffentliche Wege oder

Plätze oder andere gesetzlich vorgesehene Ausnahmen handelt, nur vor dem Zivilrichter zu verantworten. Ist der betreffende Weg kein öffentlicher, aber vom Publikum doch vielfach benutzter, so kann die Polizei zur Verhütung von Gefahren während der Dunkelheit nichts weiter verlangen, als daß der Weg für die Zeit der Herstellung des Zaunes (Einrammung von Zaunpfählen) beleuchtet werde.

Nr. 85.

Endurteil des I. Senats vom 30. Oktober 1886 (Entsch. Bd. XIV. S. 399).

Die regelmäßige, polizeilich zu erzwingende Reinigung der Straßen kann nicht als in der Wegeunterhaltungslast einbegriffen angesehen werden, deshalb liegt dieselbe auf Chausseestrecken, welche gleichzeitig Dorfstraße sind, auch nicht den Chaussee-Unterhaltungspflichtigen, sondern den betreffenden Gemeinden oder Gutsherren ob.

Nr. 86.

Endurteil des I. Senats vom 19. Februar 1887 (Entsch. Bd. XIV. S. 402).

1) Die dem Gemeindevorsteher durch § 73 Landesverw.-Ges. beigelegte Vertretungsbefugnis in Verwaltungsstreitsachen ermächtigt denselben auch, allein namens der Gemeinde Prozeßvollmachten auszustellen. Die auf Grund des — inzwischen aufgehobenen — § 135 II. 1 b der Kreisordnung von dem Kreisausschuß erlassenen Entscheidungen über die Unterhaltungspflicht bei öffentlichen Wegen sind nicht endgültig; dieselben hatten nur die Kraft eines vorläufig vollstreckbaren Interimistikums vorbehaltlich des Rechtsweges. Nachdem die Zuständigkeit der ordentlichen Gerichte inzwischen durch die der Verwaltungsgerichte ersetzt ist, sind auch letztere an jene provisorischen Festsetzungen nicht gebunden.

2) Die Frage, was als eine Dorfstraße anzusehen ist, ist thatsächlicher Natur. Unter einer solchen ist dasjenige Kommunikationsmittel zu verstehen, auf welches die Dorfbewohner an erster Stelle mit ihren Bedürfnissen für den inneren Verkehr unter sich angewiesen sind. Zum Begriff derselben gehört nicht notwendig, daß vor der Anlegung die Festsetzung einer Straßen- und Baufluchtlinie in Gemäßheit des Gesetzes vom 2. Juli 1875 stattgefunden hat.

XIII.

Die Jagd.

B. Jagdbezirke und Jagdverpachtung.

(Einzuschalten auf S. 264 des Stammwerkes.)

Nr. 13.

Endurteil des II. Senats vom 29. März 1886 (Entsch. Bd. XIII, S. 331).

1) Unter den Begriff der „Beschränkung der Ausübung des Jagdrechtes auf eigenem Grund und Boden" (§ 105 Nr. 1 des Zust.-Ges. vom 1. August 1883) fällt jede, den Eigentümer nach Ort, Zeit und Art der Verfolgung und Aneignung der jagdbaren Tiere in seiner freien Entschließung einengende Bestimmung, mithin eine Untersagung der Jagdausübung überhaupt.

2) Voraussetzung einer rechtskräftig entschiedenen Verwaltungsstreitsache (res judicata) ist, daß über den nämlichen Gegenstand unter denselben Parteien auf derselben rechtlichen Grundlage bereits ein endgültiger Spruch ergangen ist.

3) Die Anrufung des Verwaltungsrichters in der Absicht und zu dem Zwecke, mit dessen Hilfe ein Anerkenntnis des Inhaltes zu erlangen, daß Jemand auf einem von seinem Gute umschlossenen Grundstücke die Jagd auszuüben nicht befugt sei, ist unzulässig, denn es wird dadurch ein in den Gesetzen vorgesehenes Klagerecht nicht begründet.

4) Die Rechtsprechung des Verwaltungsrichters kann auf Anrufen eines Privatmannes nur thätig werden, wenn sie zum Schutze eines Individualinteresses und zwar eines solchen, welches zufolge positiver Satzung durch die Klage vor dem Verwaltungsrichter geschützt ist, seitens des Verletzten verlangt wird.

5) Das Jagdpolizeigesetz vom 7. März 1850 enthält, abgesehen von dem § 7 (Umschließung durch ein Waldgrundstück), keinerlei Vorschriften, aus welchen sich für den Besitzer eines Jagdterrains die Befugnis ableiten ließe, kraft eigenen Rechtes den Nachbarn irgend welche Beschränkungen in Ausübung der Jagd auf eigenem Grund und Boden aufzuerlegen.

Nr. 14.

Endurteil des III. Senats vom 14. März 1887 (Entsch. Bd. XIV. S. 309).

Wenn ein Gemeindevorstand gewisse von der Gemarkung eingeschlossene Parzellen eines fiskalischen Stiftes schon seit längerer Zeit ohne besonderen Rechtsgrund zusammen mit der Gemeindejagd verpachtet hat, ohne einen entsprechenden Teil des Pachtzinses an den Fiskus abzuführen, so kann der letztere im Verwaltungsstreitverfahren nicht den Antrag stellen, daß die Gemeinde verurteilt werde, über die Pachtaufkünfte der Vorjahre Rechnung zu legen und den sich daraus für den Fiskus ergebenden Teil dieser Aufkünfte herauszuzahlen. Einer derartigen Klage würden die Voraussetzungen des § 4 Abs. 1 Satz 2 des Jagdpolizeigesetzes und des § 106 des Zust.-Ges. vom 1. August 1883 fehlen. Was hier vom Fiskus gesagt ist, gilt auch von jedem anderen Grundbesitzer in der Gemeinde.

Nr. 15.

Endurteil des III. Senats vom 6. Januar 1887 (Entsch. Bd. XIV. S. 312).

Eine Erklärung des Gemeindevorstandes, daß zu verteilende Jagdpachtgelder in der Gemeindekasse nicht vorhanden seien, ist keine „festgestellte Verteilung“ im Sinne des § 106 des Zust.-Ges. vom 1. August 1883, vielmehr als eine Ablehnung jener Feststellung anzusehen mit der Begründung, daß zu verteilende Beträge nicht vorhanden seien. Zur Richtigstellung dieser Behauptungen dient aber nicht eine Klage, sondern nur eine Beschwerde an die Aufsichtsbehörde.

XVI.

Das Wasser.

(Einzuschalten auf S. 291 des Stammwerkes).

Nr. 40.

Endurteil des II. Senats vom 24. April 1880 (Entsch. Bd. VI. S. 244).
Stammwerk S. 279, 280.

Nach § 21 des Vorflutsgesetzes vom 15. November 1811 wird, wie das in § 23 weiter bestimmt ist, durch schiedsrichterliches Ermessen sowohl der Betrag der Entschädigung ausgemittelt, als auch die Entwässerung selbst nach dem genehmigten Plane zur Vollziehung gebracht. Die sehr wesentliche Modalität der Entwässerung, wer von den Interessenten die Kosten der Herstellung der erforderlichen Anlagen zu tragen hat, haben in Gemäßheit der §§ 18, 19 l. c. die Verwaltungsgerichte, nicht aber die Schiedsrichter festzusetzen. Begründet der den Schiedsrichtern zur Ausführung überwiesene Plan eine hierauf bezügliche Verbindlichkeit für keinen der Interessenten, so besteht sie überhaupt nicht, und es muß den Schiedsrichtern überlassen bleiben, zunächst eine Ergänzung an zuständiger Stelle anzuregen.

Der in Gemäßheit der §§ 21 ff. l. c. abzugebende Spruch der Schiedsrichter stellt sich als ein einheitliches, unteilbares Ganzes dar, bei welchem, anlangend insonderheit die Verteilung der mit der Ausführung verbundenen Leistungen und Lasten, der eine Faktor den anderen bedingt und keiner modifiziert oder anders bestimmt werden kann, ohne daß damit zugleich die Grundlage für alle übrigen wesentlich berührt wird. Hieraus folgt, daß die Aufhebung des Schiedsspruches, wenn sie auf Anrufen eines der Interessenten notwendig wird, gleichmäßig für alle in Wirksamkeit tritt, auch für solche, welche sich bei dem erhobenen Anspruche nicht beteiligt haben, oder denselben selbständig nicht mit Erfolg haben durchführen können. Die Annahme einer etwaigen Rechtskraft für den einen Interessenten neben der Thätigkeit eines anderen Schiedsgerichts infolge einer Kassationsklage eines andern, würde zu einer Reihe von Entwässerungen verschiedener Art und damit zu einem überhaupt unannehmbaren Ergebnisse führen.

Liegt eine Abweichung im vorstehend gedachten Sinne vor, so muß das Verfahren kassiert und ein neues Schiedsgericht gewählt werden.

Ist die Entscheidung des Kreisausschusses eine mangelhafte, d. h. den Gegenstand in der gesetzlich vorgeschriebenen Weise nicht erschöpfende, so ist ein Nachtragsurtel zu fällen, gegen welches die Rechtsmittel des § 18 des Gesetzes vom 15. Mai 1811 und § 100 des Zust.-Ges. von 1876 (§ 68 des Zust.-Ges. von 1883) gegeben sind. Erst nach eingetretener Rechtskraft des bezüglichen Nachtragsurtels ist das anderweite schiedsrichterliche Verfahren einzuleiten.

Nr. 41.

Endurteil des II. Senats vom 25. März 1886 (Entsch. Bd. XIII. S. 317).

1) Wenn die Wasserpolizeibehörde an einen zu Räumung eines Grabens nicht verpflichteten Adjazenten im Wege der polizeilichen Verfügung das Verlangen stellt, einen Schutzstreifen zur Ablegung des ausgehobenen Räumungsschlammes bereit zu stellen, so ist das keine Verfügung betreffend die „Anordnungen wegen Räumung" im Sinne des § 66 des Zust.-Ges. vom 1. August 1883, sondern eine ungerechtfertigte Räumungsbeschränkung.

2) Sind polizeiliche Anordnungen verschiedener Art mit einander verbunden, während dieselben einzeln genommen, behufs ihrer Erledigung einem abweichend geordneten Verfahren unterliegen, so ist hinsichtlich dieses Verfahrens (Kontrole) diejenige Anordnung bestimmend, welche als die hauptsächlichste, den Charakter der ganzen Maßnahmen beherrschende erscheint. Darnach richten sich denn auch die anzuwendenden Rechtsmittel.

Nr. 42.

Endurteil des II. Senats vom 24. Juni 1886 (Entsch. Bd. XIII. S. 323).

1) Nach allgemeinen Grundsätzen liegt dem Eigentümer eines Privatflusses die öffentlich-rechtliche Pflicht ob, sein Eigentum in dem durch das öffentliche

Interesse gebotenen Zustande zu unterhalten, insbesondere die durch dieses Interesse erforderte Räumung des Wasserlaufes vorzunehmen.

2) Die Räumungspflicht der Adjazenten eines Privatflusses gemäß § 7 des Gesetzes vom 28. Februar 1843 ist nur eine subsidiäre, dieselbe greift nur da Platz, wo es an einem unterhaltungspflichtigen Eigentümer fehlt und wo demgemäß den Ufernbesitzern auch die entsprechenden Nutzungsrechte zustehen.

3) Wenn aber Jemand das ausschließliche Eigentum an einem Privatflusse hat, so ist er in den Grenzen dieses Eigentums zur Räumung gesetzlich auch da verpflichtet, wo er nicht zugleich Uferbesitzer ist.

Nr. 43.

Endurteil des II. Senats vom 29. April 1886 (Entsch. Bd. XIII. S. 327).

Wenn ein zu einer Wassergenossenschaft gehörendes Grundstück von der Ausführung des Unternehmens keinen Vorteil hat (Gesetz vom 1. April 1879), so ist nur der Eigentümer eines solchen Grundstückes, nicht aber der Pächter desselben legitimiert, seinerseits den Erlaß der auf das Grundstück treffenden Beiträge zu verlangen.

Nr. 44.

Endurteil des III. Senats vom 16. Dezember 1886 (Entsch. Bd. XIV S. 302).

1) Sowohl der § 2 des Vorflutsgesetzes vom 15. November 1811, wie der § 67 des Zust.-Ges. vom 1. August 1883 sprechen von einer Mehrheit der Kommissarien behufs Setzung eines Merkpfahles, weil es bei der Feststellung der Stauhöhe der Wahrnehmung technischer, polizeilicher und rechtlicher Gesichtspunkte bedarf. Die Setzung eines Merkpfahles durch einen einzelnen Kommissarius ist demnach ungültig.

2) Auf Grund einer derartigen ungültigen Festsetzung des Wasserstandes kann auf Grund des § 67 Abs. 2 des Zust.-Ges. nicht geklagt werden.

Nr. 45.

Endurteil des III. Senats vom 30. Januar 1887 (Entsch. Bd. XIV. S. 306).

1) Wird die Regulierung eines Strombettes (in diesem Falle der Spree bei Berlin) beabsichtigt und ist zu diesem Behufe die Feststellung einer neuen Normaluferlinie in der Vorbereitung begriffen, so kann aus diesem Grunde die Erlaubnis zur Errichtung von Baulichkeiten an den Ufern dieses öffentlichen Stromes nicht versagt werden.

2) Die Frage, ob zu den beabsichtigten Bauten, soweit sie über die gegenwärtig bestehende Uferlinie der Spree hinaus in den Luftraum des Spreeflusses, mithin auf fiskalisches Gebiet übergreifen, die dazu erforderliche Genehmigung seitens der zuständigen stromfiskalischen Behörden zu erteilen oder zu versagen sei, entzieht sich der verwaltungsrichterlichen Kognition.

XVIII.

Die Wege.

(Einzuschalten S. 348 des Stammwerkes.)

Nr. 71.

Endurteil des I. Senats vom 2. Juni 1886 (Entsch. Bd. XIII. S. 284).

1) Wenn der § 56 des Zuständigkeitsgesetzes vom 1. August 1883 die Zuständigkeit der Bezirksausschüsse in Wegesachen anordnet, „sofern es sich um Chausseen handelt", so können diese Worte nur darauf bezogen werden, um

was es sich nach dem Gegenstande der Klage, dem anzufechtenden polizeilichen Beschlusse handelt. Dreht sich also der Streit um die Herstellung einer baufälligen Brücke, welche nicht als Teil einer Chaussee angesehen wird, so ist in erster Instanz der Kreisausschuß und nicht der Bezirksausschuß zuständig.

2) An sich ist es nicht unmöglich, Chausseen an eine Brücke zu beiden Seiten derselben derartig heranzubauen, daß die letztere nicht Teil der ersteren wird, und führt dies auch praktisch nicht zu widersinnigen Resultaten, sobald die Brücke ein öffentliches Kommunikationsmittel ist. (Stammwerk S. 339 Nr. 53).

3) Wenn einer Kreiskommune das Recht zur Erhebung des Chausseegeldes verliehen worden ist, ohne daß daran eine im Wegezuge liegende Brücke ausgenommen wäre, so ist dies ein Beweis dafür, daß die Brücke einen Teil der qu. Chaussee bildet.

4) Die Ortspolizeibehörden sind in Chausseeangelegenheiten zum Erlaß von Verfügungen nicht zuständig.

Nr. 72.

Endurteil des I. Senats vom 22. Mai 1886 (Entsch. Bd. XIII. S. 290).

1) Wegen der Bildung von Observanzen im Allgemeinen vergl. Stammwerk S. 123 Nr. 38, 129 Nr. 49, 135 Nr. 65 und 345 Nr. 67.

2) Rechtsmittel im Verwaltungsstreitverfahren werden lediglich zur Wahrung der zum Gegenstand des Streites gewordenen Rechte der Parteien gegeben. (Stammwerk S. 225 Ziffer 6 in Nr. 20).

3) Der Verwaltungsrichter hat sich in Wegestreitsachen nicht darauf zu beschränken, die Nichtverpflichtung zur Befolgung wegepolizeilicher Anordnungen auszusprechen, sondern sogleich über die Verpflichtungsfrage Festsetzung zu treffen, sofern dazu ein aktenmäßiger Anlaß vorliegt.

4) Zu den gemeinschaftlichen Wegen im Sinne des § 37 Tit. 7 Teil II. A. L.-R's gehören nicht nur die ausschließlich zu wirtschaftlichen Zwecken der Gemeindemitglieder bestimmten Wege, wie Feld-, Holz- und andere dergleichen Nebenwege, sondern auch die zum freien Verkehr des gesamten Publikums dienenden öffentlichen Wege. Auch stehen keineswegs sämtliche öffentliche Wege im Eigentum des Staates, sondern nur die Land- und Heerstraßen.

5) Nach Neumärkischem Provinzialrecht (vergl. hierüber die Kösliner Regierungs-Verordnung vom 17. Juni 1848 — Amtsbl. S. 149 —) liegt die Unterhaltung der öffentlichen Wege in den Gemeinden bezw. Gutsbezirken den Gemeinden bezw. Gutsbezirken als Kommunallast ob, sofern nicht etwa observanz- oder rezeßmäßig die Wegebaupflicht in anderer Weise geregelt ist. (Stammwerk S. 343 Nr. 61).

6) Der gemeinschaftliche Satz von der derogatorischen Kraft jüngerer Gewohnheiten gegenüber älteren Gesetzen gilt nicht in gleicher Weise für das landrechtliche Gebiet, denn nach § 60 der Einleitung zum A. L.-R. können schon vorhandene Gesetze durch Gewohnheiten nicht aufgehoben werden und dadurch ist die Möglichkeit der Bildung von Observanzen, durch welche auf allgemeinen oder partikulären Gesetzen beruhende Rechtsnormen abgeändert oder aufgehoben werden, ausgeschlossen, dagegen erscheint jener gemeinrechtliche Satz anwendbar auf die Abänderung oder Aufhebung von Satzungen des durch die Autonomie korporativer Verbände geschaffenen Ortsstatutenrechtes. Die Autonomie entspringt derselben Quelle wie die Observanz.

7) Dergleichen Observanzen müssen allgemein nachgewiesen werden und nicht allein in Bezug auf einen bestimmten Weg. Dabei kommt es darauf an, nachzuweisen, daß die betreffenden Handlungen nicht bloß vereinzelt vorkommen,

sondern sich während eines längeren Zeitraumes gleichmäßig wiederholen, daß für diese Vornahme eine längere Übung besteht und daß diese Übung nicht aus anderen Motiven hervorgezogen sei, als aus der Überzeugung ihrer rechtlichen Notwendigkeit. Die Annahme, daß dergleichen Handlungen lediglich auf Liberalität beruht haben, müßte doch deutlich erkennbar sein.

8) Pfarrländereien gehören zu dem Gemeindebezirke, auch wenn die Pfarrstelle meist von der Gutsherrschaft dotiert worden ist. Diese Zubehörigkeit ist namentlich dann anzuerkennen, wenn die Pfarre in den Regulierungs- und Gemeinheitsteilungsrezessen als zur Gemeinde gehörig angesehen worden ist. (Stammwerk S. 147 Ziffer 8).

Nr. 73.

Endurteil des I. Senats vom 17. April 1886 (Entsch. Bd. XIII. S. 300).

1) Über Alt-, Vor- und Hinter-Pommersches Wegerecht vergl. Stammwerk S. 136 Nr. 66 und 346 Nr. 69.

2) Das pommersche Wegereglement vom 25. Juni 1752 versteht in pos. 9 und 10 unter „Feldflur" den obrigkeitlichen Bezirk, mithin auf dem Lande das von den Grenzen der gutsherrlichen und bäuerlichen Feldmark eingeschlossene Territorium. Die Änderung der Obrigkeiten, der politischen Grenzen bewirkt auch die Änderung der Feldflurgrenzen und des Wegeverbandes.

3) Der Magistrat vertritt nur die Stadtgemeinde. Kein Gesetz legt ihm das Recht und die Pflicht bei, die einzelnen Grundbesitzer in der städtischen Feldmark zu vertreten. Sollen letztere verklagt werden, so muß der Kläger dieselben namentlich bezeichnen. Diese Grundbesitzer zu ermitteln, ist nicht Aufgabe des Verwaltungsrichters. Dasselbe gilt von den einzelnen Grundbesitzern in den Landgemeinden und von dem Gemeindevorsteher.

Nr. 74.

Endurteil des I. Senats vom 27. Januar 1886 (Entsch. Bd. XIII. Seite 303).

In dem Geltungsbereiche des Wegereglements des Herzogtums Pommern und der Herrschaften Lauenburg und Bütow vom 25. Juni 1752 (N. C. C. Tom. I. S. 335 Nr. XXXV. de 1752) ist bei der Ermittelung des wegebaupflichtigen Teiles in dem Verhältnisse vom Gutsbezirke zum Gemeindebezirke der Grundsteuerfuß zu Grunde zu legen, und es kann seitens der Gemeinde bei Verteilung der Wegebaukosten auf die Dominien einerseits und die Gemeinde andererseits die Verteilung der Wegebaukosten nach der Grundfläche nicht verlangt werden.

Nr. 75.

Endurteil des I. Senats vom 5. Juni 1886 (Entsch. Bd. XIII. S. 308).

1) Wenn auch nicht nach ausdrücklicher Bestimmung, so gehört doch nach allgemeinen Rechtsanschauungen auch in Neuvorpommern zur Wegebaulast die Hergabe des Grund und Bodens zur Neuanlegung und Verbreiterung öffentlicher Wege seitens der Wegebaupflichtigen.

2) Dasselbe gilt von der Bepflanzung der Kommunikationswege mit Bäumen, soweit dies das Interesse des öffentlichen Verkehrs erheischt. Dergleichen Anordnungen können von Seiten der Polizei auch in der Weise getroffen werden, daß die Bäume wegen Schmalheit des Weges auf den angrenzenden Grundstücken zu stehen kommen sollen.

Nr. 76.

Endurteil des I. Senats vom 22. September 1886 (Entsch. Bd. XIV. S. 269).

Eine auf Grund des § 56 Abs. 7 des Zuständigkeitsgesetzes vom 1. August 1883 angestrengte Klage wegen Übernahme einer Wege- oder Brückenbaulast darf von dem Bezirksausschusse wegen Unzuständigkeit nicht aus dem Grunde zurückgewiesen werden, daß eigentlich der Kreisausschuß zuständig sei, der Kläger aber ohne sachlichen Grund, nur um den Streit vor den Bezirksausschuß zu bringen, den Kreis als Mitbeklagten aufgeführt habe, während doch der Anspruch gegen den Kreis offenbar unbegründet sei.

Nr. 77.

Endurteil des I. Senats vom 16. März 1887 (Entsch. Bd. XIV. S. 273).

1) Die Landespolizeibehörde als Chausseepolizeibehörde ist ausschließlich zuständig für solche Anordnungen, bei welchen es sich um die bauliche Unterhaltung einer Chausseeanlage als solcher handelt. Ist es streitig, ob eine Anordnung diesen Charakter hat, so ist die Frage der Zuständigkeit von der nach der streitigen Wegebaulast nicht zu trennen, und kann nicht schon danach entschieden werden, daß die Anordnung äußerlich eine Chaussee betrifft.

2) Die Bürgersteige neben den Chausseen in Städten sind nicht Teile der Chaussee; sie bilden zwar mit derselben zusammen die städtische Straße, unterliegen aber hinsichtlich der Unterhaltungspflicht anderen Regeln als die Chaussee.

Nr. 78.

Endurteil des I. Senats vom 10. November 1886 (Entsch. Bd. XIV. S. 275).

Handelt es sich um die Anlegung von Wegen in Städten, so ist vor der Entscheidung in der Hauptsache zu prüfen, ob der Weg als eine städtische Straße im Sinne des Gesetzes vom 2. Juli 1875 anzusprechen ist, und ob nicht im Bejahungsfalle dem Einschreiten der Wegepolizeibehörde auf Grund der allgemeinen Wegegesetzgebung die Festsetzung von Fluchtlinien durch den Gemeindevorstand nach Maßgabe jenes Gesetzes vorherzugehen haben würde.

Nr. 79.

Endurteil des I. Senats vom 8. Januar 1887 (Entsch. Bd. XIV. S. 282).

Das Abräumen des Schnees von den öffentlichen Wegen bildet der Regel nach einen Teil der Wegeunterhaltungslast. (Stammwerk S. 344 Nr. 65.)

Nr. 80.

Endurteil des I. Senats vom 6. Januar 1886 (Wochenschrift „Selbstverwaltung“. Jahrgang XIII. S. 75).

Nach schlesischem Provinzialrechte sind die Gemeinden als die zum Wegebau Verpflichteten auch gehalten, auf den öffentlichen Kommunikationsmitteln, zu denen auch die von dem Kreise angelegten Wege gehören, die Schneeräumungsarbeiten vorzunehmen. Denn aus der Anlegung eines öffentlichen Verkehrsmittels allein folgt ebenso wenig wie aus dem etwaigen Eigentum an demselben von selbst die Verpflichtung zu dessen Unterhaltung, es sei denn, daß der Nachweis geführt würde, daß die betreffenden Wege für den öffentlichen

Verkehr entbehrlich seien oder daß ihre Anlegung über das gemeine Bedürfnis hinaus erfolgt sei.

Aus der Thatsache, daß neue chaussierte Kreisstraßen unter der Zustimmung der Wegepolizeibehörde entstanden und ohne Widerspruch der Wegebaupflichtigen dem öffentlichen Verkehre gewidmet sind, folgt deren Eigenschaft als öffentliche Kommunikationsmittel.

Es handelte sich in diesem Falle, im Gegensatz zu dem vorigen sub Nr. 79 mitgeteilten, um das Schneeschippen auf einer vom Kreise Waldenburg innerhalb mehrerer Landgemeinden angelegten chaussierten Straße, eine Last, welche jene Gemeinden deshalb auf den Kreis abwälzen wollten, weil jener die Straße angelegt habe. Der Kreis hatte aber diese Last nicht ausdrücklich übernommen, folglich verblieb dieselbe den Wegebaupflichtigen, d. h. der auch vorher schon verpflichteten Gemeinde.

Nr. 81.

Endurteil des I. Senats vom 11. September 1886 (Entsch. Band XIV. S. 285).

1) Das Landesverwaltungsgesetz vom 30. Juli 1883 kennt eine Vorabentscheidung über den Grund nicht, falls ein Anspruch nach Grund und Betrag streitig ist, vielmehr legt der § 79 a. a. O. dem Verwaltungsrichter die Verpflichtung auf, über den Anspruch endgültig zu erkennen, mag derselbe nur nach dem Betrage oder nur nach dem Grunde oder nach Grund und Betrag streitig sein.

2) Das pommersche Wegereglement vom 25. Juni 1752 legt in den pos. 9 und 10 die Wegebaulast den Hufenbesitzern der Grenzflur auf, „es wäre denn, daß ein anderes rechtlich ausgemacht" bezw. „es wäre denn, daß der Herrschaft allein ein ganzes Dorf gehöret oder sonst niemand an der Feldflur Anteil hätte, alsdann der Herrschaft freisteht, durch ihre Unterthanen im Dienst die Reparaturen*) zu bewerkstelligen".

3) Die gutsherrlichen Lasten sind von dem Gutsherrn zu tragen. Ihm steht ein Rückgriff auf die Gutseinsassen nicht zu.

Nr. 82.

Endurteil des I. Senats vom 2. Oktober 1886 (Entsch. Bd. XIV. S. 292).

1) Verschieden von einer nach Maßgabe des § 56 Abs. 4 und 6 des Zust.-Ges. vom 1. August 1883 angestrengten Klage sind die Streitigkeiten, welche auf Grund des Abs. 5 a. a. O. von einem Beteiligten gegen einen vermeintlichen anderen Beteiligten, ohne Frist in betreff der Frage zu erledigen sind, wem von ihnen die öffentlich rechtliche Verpflichtung zur Unterhaltung eines öffentlichen Weges obliegt. Diese Streitigkeiten nehmen das öffentliche Interesse nur sekundär in Anspruch.

2) Eine Straße wird dadurch noch nicht zu einer städtischen, daß sie den Zugang zu einer Stadt bildet. Liegt sie außerhalb des bebauten Teiles einer Stadt, so kann sie auch zu den Landstraßen gehören. Von diesen sagt § 19 des schlesischen Wegereglements vom 11. Januar 1767: „Die Städte sollen ihre Straßen sowohl in als vor den Städten in guten Stand setzen" (Rönne, Wegerecht S. 581), ebenso wie die Landgemeinden die ihrigen.

3) Nach § 6 desselben Reglements ist die Gemeinde als die Normalverpflichtete anzusehen, während die Adjazenten, soweit sie mit ihren Äckern der Breite nach an die Straße stoßen, als unmittelbar Verbundene nur da einzu-

*) In Rönne, Wegegesetzgebung, S. 532 steht „Repartitiones".

treten haben, wo dies nach der regelmäßigen Observanz Rechtens ist. (Siehe Stammwerk S. 135 Nr. 65 und S. 343 Nr. 62.) Diese Verpflichtung der Adjazenten ist eine öffentlich rechtliche.

Nr. 83.

Endurteil des I. Senats vom 16. Oktober 1886 (Entsch. Bd. XIV. S. 298).

Nach dem hannoverschen Gesetze vom 26. Februar 1877 können Unternehmer von Bergwerken, welche in Folge ihres Betriebes die Landstraßen erheblich abnutzen, verpflichtet werden, besondere Beiträge zur Unterhaltung dieser Landstraßen zu leisten. Dabei fällt es nicht in's Gewicht, daß jene Unternehmer die Abfuhr ihrer Produkte auf ihre Rechnung besorgen oder dieselbe lediglich ihren Käufern überlassen.

XIX.

Das Gewerbe.

A. Die Gast- und Schankwirtschaft.

(Einzuschalten S. 375 des Stammwerkes).

Nr. 52.

Endurteil vom 19. September 1877 (Entsch. Bd. III. S. 239). Stammwerk S. 358.

Einen Beschluß des Kreis- (Stadt-) Ausschusses, wonach die Erlaubnis zum Betriebe der Gast- und Schankwirtschaft entsprechend der dem Antrage zustimmenden Erklärung der Gemeinde- und Ortspolizeibehörde erteilt wird, kann der Vorsitzende jener Behörde nicht mit der Berufung anfechten, weil nicht ein Endurteil, sondern nur ein Beschluß in einer nicht streitigen Sache vorliegt. (§ 82 Abs. 2 des Landesverwaltungsgesetzes vom 30. Juli 1883). Dagegen erscheint die Anfechtung eines solchen Beschlusses auf Grund des § 126 a. a. O. wohl zulässig, weil ein nach § 114 des Zuständigkeitsgesetzes vom 1. August 1883 ohne Widerspruch erfolgter Beschluß thatsächlich endgültig ist. Die Frist für die Anfechtungsklage beträgt 14 Tage.

Nr. 53.

Endurteil des I. Senats vom 5. Juni 1880 (Entsch. Bd. VI. S. 265). Stammwerk S. 365, 366.

1) Nicht allein der Amtsvorsteher als Polizeibehörde, sondern auch die im § 128 des Zust.-Ges. von 1876 (§ 114 des Zust.-Ges. von 1883) gedachte Gemeindebehörde kann die Berufung einlegen. Der Widerspruch der einen wie der anderen Behörde erheischt die Entscheidung im Streitverfahren und weist für dieses der widersprechenden Behörde die Rolle der Partei mit der sich aus dieser ergebenden Befugnis zur Einlegung von Rechtsmitteln zu.

2) Als Gemeindebehörde im Sinne des § 128 (bezw. 114) a. a. O. ist der Gemeindevorsteher allein (d. h. ohne die Schöffen) anzusehen, denn es handelt sich dabei nicht um eine *wirtschaftliche* oder um eine *dorfgerichtliche* Gemeindeangelegenheit, wobei die Gemeinde*verwaltungs*behörde mitzuwirken hätte, sondern um eine *polizeiliche*, wobei die *ortsobrigkeitliche* Stellung des Schulzen in den Vordergrund tritt. Zur Vertretung des an der Aus-

übung der obrigkeitlichen Funktionen verhinderten Gemeindevorstehers ist ein Schöffe berechtigt. Welcher von beiden dies sein soll, ist nirgends gesagt, jedenfalls kann sich aber der zur Sache beteiligte Gemeindevorsteher einen der beiden Schöffen nicht nach freier Wahl substituieren, event. hat die Aufsichtsbehörde hierüber zu bestimmen. Hat der Gemeindevorsteher die Führung der Angelegenheit dem dem Dienst- und Lebensalter nach ältesten Schöffen, also aus einem ganz objektiven Grunde, übertragen, so ist dieser Schöffe als wohl legitimiert anzusehen.

3) Die Entscheidung über den Antrag auf Erteilung der Genehmigung zum Betriebe der Gast- u. s. w. Wirtschaft kann nur nach dem Gesetze erfolgen, welches zur Zeit derselben (der Entscheidung) besteht und daher für die entscheidende Instanz die maßgebende sein muß, denn die Einführung der Gewerbefreiheit durch § 1 der Reichsgewerbeordnung hat nicht jedem einzelnen Staatsbürger den Rechtsanspruch verliehen, danach zum Betriebe eines Gewerbes ohne Rücksicht auf die fortschreitende Gesetzgebung zugelassen zu werden; ebensowenig knüpft das Gesetz an die Erhebung des Antrages oder sonst an einen bestimmten Akt im Laufe des Verfahrens über den Antrag die Wirkung, daß dadurch ein Rechtsverhältnis zwischen den Parteien konstituiert würde, über welches nach Maßgabe des in diesem Moment (der Erhebung des Antrages u. s. w.) bestehenden Rechtszustandes zu entscheiden wäre. Deshalb ist auch die Rechtsregel „lex ad praeterita trahi nequit“ (I. 7 C. de legibus I. 14, § 14 der Einleitung zum A. L.-R.) auf die vorliegenden Fälle des öffentlichen Rechts nicht anwendbar, sondern nur auf wohlerworbene (Privat-) Rechtsansprüche.

4) Dem Berufungsrichter steht die Entschließung über den Antrag im vollen Umfange und ganz in derselben Weise zu, wie dem Kreisausschuß; er ist nicht Revisionsrichter.

5) Der Minister des Innern ist zuständig zum Erlaß der im Art. 3 des Reichsgesetzes vom 23. Juli 1879 (R.-G.-Bl. S. 267) den „Landesregierungen“ vorbehaltenen Bestimmungen, es bedarf dazu keines gesetzgeberischen Aktes, auch keiner landesherrlichen Verordnungen. Erläuterungen der Begriffe „Zentralbehörden“, „Landesregierungen“, „Landesherr“, „preußisches Staatsrecht“, „Verwaltungsnormen“, „allgemeine Verwaltungsvorschriften“.

Nr. 54.

Endurteil des I. Senats vom 9. Oktober 1880 (Entsch. Bd. VII. S. 294). Stammwerk S. 367.

Eine in erster Instanz erteilte, aber mit der Berufung angefochtene Konzession erlischt, wenn der Antragsteller vor Eintritt der Rechtskraft der Entscheidung des ersten Richters stirbt. Die Witwe und die minderjährigen Erben haben aus § 46 der Reichsgewerbeordnung keine Ansprüche aus jener ersten Entscheidung, weil die qu. Bestimmung eine bereits bestehende Konzession vor Augen hat. Das Verwaltungsstreitverfahren ist mit dem Tode des Erblassers beendigt, weil letzterer die Möglichkeit verloren hat, das Gewerbe auszuüben.

Nr. 55.

Endurteil vom 2. Juli 1877 (Entsch. Bd. II. S. 328). Stammwerk S. 356, 357.

Die Zurücknahme der Erlaubnis zum Gastwirtschaftsbetriebe wegen Mangels der vorausgesetzten Eigenschaften des Lokals ist zulässig, sofern nachgewiesen wird, daß Handlungen oder Unterlassungen des Inhabers vorliegen, aus welchen ein Mangel der bei der Konzessionierung vorausgesetzten Eigenschaften klar erhellt.

Nr. 56.

Endurteile vom 13. Mai und 10. Dezember 1878 (Entsch. Bd. IV. S. 298 und 300). Stammwerk S. 360, 363.

1) Der Stellvertreter eines Gast- und Schankwirtes wird überhaupt nicht konzessioniert; hält ihn die Polizei nicht für geeignet, so kann sie ihm die Stellvertretung untersagen, und eine dahin lautende polizeiliche Verfügung ist dann angreifbar nach §§ 30 ff. des Zust.-Ges., §§ 63 ff. des Organisationsgesetzes, jetzt §§ 127 ff. des L.-V.-G. vom 30. Juli 1883.

2) Im Sinne dieser Entscheidung ist das polizeiliche Einschreiten gestattet, um den Betrieb einer Gastwirtschaft durch einen den vorgeschriebenen Erfordernissen nicht genügenden Stellvertreter zu verhindern, und zwar sowohl gegen den Inhaber der Konzession als auch gegen den nicht qualifizierten Stellvertreter. Dagegen läßt sich eine polizeiliche Verfügung an den Inhaber, daß er gewisse Personen als Kellner oder Kellnerinnen nicht beschäftigen dürfe, in dieser Form nicht aufrecht erhalten. Andererseits kommt es auf die thatsächliche Stellung an, welche solche Personen in der Wirtschaft einnehmen. Stellt es sich heraus, daß die angeblichen Kellner doch Stellvertreter sind, so kann auch gegen den Inhaber in der vorgedachten Weise vorgegangen werden.

Nr. 57.

Endurteil vom 1. Dezember 1887 (Entsch. Bd. IV. S. 339). Stammwerk S. 363.

Wenn ein Bürgermeister als Vertreter der Polizeiverwaltung einem Antrage auf Erteilung einer Konzession widerspricht und wenn sodann der Magistrat (in Städten mit mehr als 10,000 Einwohnern) oder der Stadtausschuß unter dem Vorsitze desselben Bürgermeisters auf Erteilung der nachgesuchten Konzession erkennt, so entsteht eine Kollision, für deren Auflösung folgende Grundsätze maßgebend sind:

1. Der Bürgermeister kann nur die eine der beiden ihm zustehenden Funktionen, die polizeiliche oder die richterliche, in derselben Angelegenheit ausüben. Seinem eigenen pflichtmäßigen Ermessen bleibt es überlassen, auf welche der beiden Funktionen er verzichten will, die andere muß er dann seinem gesetzlichen Stellvertreter übertragen. — (Vergl. auch die O.-V.-G.-Verfügung vom 17. November 1877 — Entsch. III. S. 380, Stammwerk S. 453.)
2. Hat der Bürgermeister als Polizeiverwalter widersprochen, so kann er bei der Entscheidung als Richter nicht mitwirken. (Dies findet auch Anwendung auf die Städte mit einer Einwohnerschaft bis zu 10,000 Einwohnern, wenn es sich um die Erteilung einer Konzession in dieser Stadt handelt und der Bürgermeister Mitglied des Kreisausschusses ist.)
3. Hat eine solche Mitwirkung gleichwohl stattgefunden, so liegt hierin ein Mangel des Verfahrens erster Instanz, der Bürgermeister hört aber doch als Vertreter der Polizeibehörde deshalb nicht auf, Partei zu sein, und er ist jedenfalls befugt, gegen eine Entscheidung der vorgedachten Art das Rechtsmittel der Berufung einzulegen. Die Geltendmachung der gegenteiligen Ansicht seitens des Verwaltungsrichters würde erst recht einen Mangel des Verfahrens involvieren.

Nr. 58.

Endurteile vom 30. Juni und 10. Oktober 1876 (Entsch. Bd. I. S. 291 und 301). Stammwerk S. 349, 350.

Die Erteilung der Konzession mit Vorbehalt der Vervollständigung der Anlage ist zulässig; es handelt sich dann um eine bedingte Erteilung, d. h. dahingehend, daß das Recht erst nach Erfüllung gewisser Bedingungen wirksam werde. Das Erbieten eines Unternehmers, gewisse gerügte Mängel beseitigen und sich gefallen lassen zu wollen, daß diese Beseitigung als Konzessionsbedingung vorgeschrieben werde, ist rechtlich zulässig.

Nr. 59.

Endurteil des II. Senats vom 24. Juni 1878 (Entsch. Bd. IV. S. 306). Stammwerk S. 361.

Zwar ist der Verwaltungsrichter bei Anwendung des § 33 Nr. 2 der Reichsgewerbeordnung an allgemeine, polizeiliche — von den Behörden innerhalb ihrer Zuständigkeit erlassene — Vorschriften, durch welche die an ein zum Schankwirtschaftsbetriebe bestimmtes Lokal nach Beschaffenheit und Lage zu stellenden Anforderungen näher umgrenzt werden, gebunden, auch hat er in dieser Beziehung solche Polizeiverordnungen zu berücksichtigen, welche, wenngleich an sich nicht unmittelbar gewerbepolizeilicher Natur und insbesondere nicht gerade zunächst zur Regelung des Schankgewerbes bestimmt, doch nach ihrem sonstigen Inhalte mittelbar auf die Ausübung dieses Betriebes und dessen Ausübung zurückwirken; er darf sich dabei aber nicht lediglich auf solche Verordnungen stützen, welche mit der Regelung des Schankgewerbes nicht einmal mittelbar im Zusammenhange stehen. Baupolizeiliche Vorschriften können das „Bewohnen" von Kellerwohnungen untersagen, es folgt aber daraus noch nicht, daß in denselben auch das Schankgewerbe nicht betrieben werden darf, und die Berufung auf diese Verordnung allein würde zur Versagung einer erbetenen Erlaubnis nicht ausreichen, vielmehr muß immer noch die besondere Feststellung hinzutreten, daß das zum Betriebe des Gewerbes bestimmte Lokal wegen seiner Lage und Beschaffenheit — ganz abgesehen von jener baupolizeilichen Vorschrift — den polizeilichen Anforderungen nicht genügt.

Nr. 60.

Endurteil des II. Senats vom 24. Juni 1878 (Entsch. Bd. IV. S. 309). Stammwerk S. 359, 360.

Eine Polizeiverordnung, welche zunächst die Errichtung von Gebäuden an Chausseen, überwiegend auf verkehrspolizeilichem Gebiete, betrifft, dann aber die Benutzung von Gebäuden, welche nicht in einer gewissen Entfernung von der Chaussee errichtet werden, als Gastwirtschaftsgebäude zu benutzen verbietet, wirkt mittelbar auf den Betrieb des Gewerbes der Gastwirtschaft zurück und ist für den Verwaltungsrichter maßgebend.

Nr. 61.

Endurteil des I. Senats vom 6. Oktober 1880 (Entsch. Bd. VII. S. 392). Stammwerk S. 367.

Liegen der polizeilichen Überwachung eines beabsichtigten Gewerbebetriebes mit den zu Gebote stehenden Mitteln Schwierigkeiten im Wege, welche sich nur mit Hintansetzung anderer berechtigter Interessen und bei ungewöhnlicher Inanspruchnahme der amtlichen Organe beseitigen lassen, so würde die Lage dieses Lokals als den polizeilichen Anforderungen nicht entsprechend erachtet werden müssen.

Nr. 62.

Endurteil des I. Senats vom 9. April 1879 (Entsch. Bd. V. S. 278). Stammwerk S. 364.

Die Konzession zur Gastwirtschaft wird nicht für ein Grundstück oder ein Gebäude im allgemeinen, sondern mit Rücksicht auf bestimmte Räumlichkeiten, welche unmittelbar den Zwecken des Gewerbes, sei es als besondere Fremden-, sei es als allgemeine Gast- oder Schankzimmer, dienen, erteilt. Deshalb darf der Gast- und Schankwirtschaftsbetrieb auf Räume, welche bei der Konzessionierung des Gewerbebetriebes für diesen nicht in Betracht gezogen sind, ohne eine anderweite neue Konzession nicht ausgedehnt werden.

Dieser Grundsatz fand Anwendung in einem Falle, in welchem jemand außer seiner Restauration im Erdgeschoß noch ein zweites Schanklokal ohne Konzession im Keller anlegen wollte. Dies ist unzulässig, jedoch nicht mit dem unten mitgeteilten Fall der „Erweiterung" und „Verbesserung" eines Schanklokals zu verwechseln.

Nr. 63.

Endurteil des I. Senats vom 7. Juni 1879 (Entsch. Bd. V. S. 286). Stammwerk S. 364, 365.

Nach erteilter Erlaubnis zum Betriebe der Gast- oder Schankwirtschaft an das dazu dienende Lokal mit Rücksicht auf diesen Gewerbebetrieb neue Anforderungen zu stellen, ist die Ortspolizeibehörde nicht berechtigt, insoweit es sich dabei um Anforderungen handelt, welche an das fragliche Lokal mit Bezug grade auf den Gewerbebetrieb erhoben werden — nicht etwa an dieses Lokal, wie an jedes andere z. B. aus allgemeinen Feuersicherheits- oder baupolizeilichen Rücksichten.

Nr. 64.

Endurteil des III. Senats vom 2. Dezember 1886 (Entsch. Bd. XIV. S. 315).

Nach § 46 der Reichs-Gewerbe-Ordnung ist die Witwe eines Gewerbetreibenden für ihre Person befugt, das Gewerbe nach dem Tode ihres Ehemannes selbst auszuüben, sie ist keineswegs nur berechtigt, diese Ausübung nach § 45 a. a. O. durch einen qualifizierten Stellvertreter zu bewirken. Sie selbst muß nur den materiellen Anforderungen entsprechen, welche nach § 45 a. a. O. an einen Stellvertreter zu machen sind. Dagegen kann die seiner Zeit dem Ehemanne erteilte Konzession zurückgenommen werden, sobald aus Handlungen und Unterlassungen der Witwe der Mangel der Eigenschaften klar erhellt, welche bei der Erteilung der Genehmigung vorausgesetzt werden mußten (§ 53 a. a. O.).

C. Straßengewerbe und Geschäftsvermittler.

(Einzuschalten auf S. 380 des Stammwerkes).

Nr. 11.

Endurteil des II. Senats vom 1. Juli 1878 (Entsch. Bd. IV. S. 321). Stammwerk S. 378.

Wenn einem „selbständigen Dienstmann" die polizeiliche Konzession zur Ausübung seines Gewerbes noch vor Emanation der Reichsgewerbeordnung vom 21. Juni 1869 auf Grund des § 49 der preußischen Gewerbeordnung vom $\frac{\text{17. Januar 1845}}{\text{22. Juni 1861}}$ erteilt worden ist, wie dies ja geschehen mußte, weil das qu. Gewerbe damals nach dem Gesetze ein konzessionspflichtiges war, während dies seit der Emanation der Reichsgewerbeordnung von 1869 nur dann der Fall ist, wenn für den betreffenden Polizeibezirk eine Polizeiverordnung besteht, durch welche der Betrieb des Gewerbes eines selbständigen Dienstmannes von einer vorgängigen polizeilichen Erlaubnis abhängig gemacht wird (Nr. 14 der Anweisung vom 4. September 1869), so kann, wenn eine solche, speziell auf einzelne selbständige Dienstmänner bezügliche Polizeiverordnung nicht besteht, auch ein Konzessionsentziehungsverfahren nicht eingeleitet werden, denn die alte Konzession ist insofern rechtlich wirkungslos geworden, als der Dienstmann sein Gewerbe nicht mehr auf Grund derselben, sondern, bei dem Mangel einer bezüglichen Polizeiverordnung, frei, d. h. überhaupt ohne Konzession ausüben kann.

Nr. 12.

Endurteil vom 23. Juni 1877 (Entsch. Bd. II. S. 318).

Es ist zu unterscheiden zwischen den Unternehmern (Fuhrherren, Droschkenhaltern) und deren Gehilfen, den Droschkenkutschern; die letzteren sind gar nicht selbständige Gewerbetreibende, es kann ihnen auch der selbständige Betrieb eines Gewerbes nicht untersagt werden, dagegen erscheint ihnen gegenüber die formlose Versagung sowohl, wie die Entziehung der Fahrlegitimation (des Fahrscheines) gesetzlich zulässig. Gegen eine derartige polizeiliche Verfügung gewährt das Gesetz den Kutschern die Beschwerde oder Klage nach §§ 63 ff. des Organisationsgesetzes. Fährt nun aber der Fuhrherr (Konzessionär) als ein sogenannter Einspänner (richtiger Eigenspänner) die Droschke selbst, wobei es nicht darauf ankommt, daß er mehrere Droschken hält und nur eine davon fährt, so ist, je nach Lage des Falles, die Entziehung sowohl des Fahrscheines als der Konzession zulässig.

Nr. 13.

Endurteil des II. Senats vom 4. Januar 1886 (Entsch. Bd. XIII. S. 348).

Einem konzessionierten Auswanderungsunternehmer, welcher sich durch Verträge mit einer überseeischen Regierung verpflichtet, Auswanderer für eine bestimmte Summe pro Kopf oder für Abtretung von Ländereien in jenem Gebiete anzuwerben, ist die Konzession zu entziehen, mag der Vertrag zur Ausführung gelangt sein oder nicht.

D. Erfindungspatente.

(Einzuschalten auf S. 380 des Stammwerkes).

Endurteile vom 1. und 8. Dezember 1877 (Entsch. Bd. III. S. 252 und 258). Stammwerk S. 380.

Die in diesen Erkenntnissen in Bezug genommenen §§ 142 und 143 des Zuständigkeitsgesetzes von 1876 sind durch die §§ 13—16 des Reichspatentgesetzes vom 25. Mai 1877 (R.-G.-Bl. S. 501), welches mit dem 1. Juli 1877 in Kraft getreten ist, als beseitigt anzusehen. Damit sind auch die obigen Entscheidungen gegenstandslos geworden, obschon als Rechtsgrundsatz aus denselben noch folgender Erwähnung verdient:

Wenn die der Erteilung des Patentes zu Grunde liegende Voraussetzung, daß der Gegenstand neu und eigentümlich sei, sich nur **teilweise** — nach einer einzelnen oder mehreren Richtungen hin — als unrichtig erweist, so kann die Aufhebung des Patentes auch nur in diesem Umfange erfolgen.

E. Hebeammen und Entbindungsanstalten.

(Einzuschalten auf S. 381 des Stammwerkes).

Nr. 4.

Endurteil des I. Senats vom 28. September 1878 (Entsch. Bd. IV. S. 337). Stammwerk S. 381.

Der hier maßgebende § 129 des Zust.-Ges. vom 26. Juli 1876 (jetzt § 115 des Zust.-Ges. von 1883) nimmt auf den § 30 Abs. 1 der Reichsgewerbeordnung Bezug, welcher letztere aber durch das Gesetz vom 23. Juli 1879 eine veränderte Fassung erhalten hat. In beiden Fassungen ist aber das Wort „Unzuverlässigkeit" gebraucht, welches in der obigen Entscheidung begrifflich dahin erläutert ist, daß darunter auch die allgemeine Zuverlässigkeit des Charakters neben den technischen Kenntnissen mit begriffen ist. Der Nachsuchende soll nicht nur bürgerlich unbescholten sein, sondern auch diejenigen persönlichen Eigenschaften besitzen, welche eine sachgemäße Leitung und Verwaltung der Anstalt gewährleisten. Zu diesen Eigenschaften gehört auch die Kenntnis des Lesens und Schreibens.

H. Wandergewerbescheine.

(Einzuschalten auf S. 383 des Stammwerkes).

Nr. 5.

Endurteil des Feriensenats vom 27. August 1880 (Entsch. Bd. VI. S. 277).

1) Der in dieser Entscheidung enthaltene Grundsatz,

> daß der Verwaltungsrichter auch über die Bedürfnisfrage, „ob bereits einer den Verhältnissen des Verwaltungsbezirks entsprechenden Anzahl von Personen Legitimationsscheine erteilt sind, zu befinden und zu erkennen habe und daß die entgegenstehende Ansicht, der Regierungspräsident habe über **diese** Frage **allein** zu entscheiden, irrig ist",

erscheint dadurch als erledigt, daß der § 131 Nr. 2 des Zuständigkeitsgesetzes vom 26. Juli 1876 und ebenso der an dessen Stelle getretene § 117 Nr. 2 des Zuständigkeitsgesetzes vom 1. August 1883 gegenstandslos geworden ist. Letzteres folgt aus der Aufhebung des § 58 Nr. 1 und 2 der Reichsgewerbeordnung, an dessen Stelle der § 59 in der Fassung der Novelle vom 1. Juli 1883 getreten ist, nach welchem es für den Handel mit den im früheren § 58 Nr. 1 und 2 erwähnten Gegenständen eines Wandergewerbescheines nicht mehr bedarf.

2) Die Frist zur Anstellung der Klage gegen Verfügungen, durch welche die Erteilung von Legitimationsscheinen zum öffentlichen Musizieren im Umherziehen versagt wird, beträgt 14 Tage. Diese Frist ist durch die §§ 131 und 135 und 3 des Zuständigkeitsgesetzes von 1876 (§§ 43 des Organisations-

gesetzes) vorgeschrieben. (Vergl. jetzt § 55 Nr. 4 der Reichs=Gewerbe=Ordnung in der Fassung des Gesetzes vom 1. Juli 1883, § 117 des Zuständigkeitsgesetzes vom 1. August 1883, § 52 des Landesverwaltungsgesetzes vom 30. Juli 1883.)

Nr. 6.

Endurteil des II. Senats vom 29. April 1886 (Entsch. Bd. XIII. S. 339).

1) Wenn ein Ehemann aus § 210 Nr. 2 der Reichs=Konkursordnung wegen Unterlassung der Führung von Handelsbüchern mit 3 Monaten Gefängnis bestraft worden ist, so kann dessen Ehefrau bei der Erteilung eines Wandergewerbescheines auf Grund des § 62 der Reichs=Gewerbeordnung die Erlaubnis versagt werden, ihren Ehemann bei dem Gewerbebetriebe im Umherziehen mit sich zu führen.

2) Ueber derartige Anträge beschließt der Bezirksausschuß. Gegen die Versagung findet Antrag auf mündliche Verhandlung statt. (§ 117 in fin. des Zuständigkeits=Gesetzes vom 1. August 1883). Gegen das Endurteil des Bezirksausschusses ist nur die Revision zulässig (§ 118 a. a. O.).

Nr. 7.

Endurteil des II. Senats vom 15. April 1886 (Entsch. Bd. XIII. S. 343).

Nach § 57 b. Nr. 4 der Reichs=Gewerbeordnung in der Fassung vom 1. Juli 1883 (R.=G.=Bl. S. 159) kann ein Wandergewerbeschein nur dann versagt werden, wenn der Nachsuchende ein oder mehrere Kinder besitzt, für deren Unterhalt und, sofern sie im schulpflichtigen Alter stehen, für deren Unterricht nicht genügend gesorgt ist. Nach § 58 a. a. O. kann dagegen der Wandergewerbeschein nur dann zurückgenommen werden, wenn sich u. a. ergiebt, daß die vorstehend bezeichnete Voraussetzung entweder zur Zeit der Erteilung desselben bereits vorhanden gewesen, der Behörde aber unbekannt geblieben, oder erst nach der Erteilung des Scheines eingetreten ist. Hiernach kann in dem anderen, im obigen nicht enthaltenen Falle, daß der Behörde bei Erteilung des Wandergewerbescheines der Umstand der Vernachlässigung des Unterrichts schon von früher her bekannt war, die Wiederentziehung des Wandergewerbescheins nicht erfolgen.

J. Gewerbliche Anlagen.

(Einzuschalten auf S. 386 des Stammwerkes).

Nr. 6.

Endurteil des I. Senats vom 13. Oktober 1880 (Entsch. Bd. VII. S. 297). Stammwerk S. 383.

1) Das Wort „Einrichtungen" im Sinne des § 120 Abs. 3 der Reichsgewerbeordnung in der Fassung des Gesetzes vom 17. Juli 1878 (G.=S. S. 199) bedeutet nicht blos körperliche Vorrichtungen, sondern es sind darunter alle Anordnungen begriffen, welche bezwecken, den Betrieb gefahrloser zu machen. Die Behörde erscheint daher auf Grund dieser Bestimmung wohl befugt, zu bestimmen, „wie" gewisse Arbeiten ausgeführt werden sollen, „wie" sich die Arbeiter vor, während und nach der Arbeit zu verhalten haben, daß zu gewissen Arbeiten nur zuverlässige Personen verwandt werden dürfen und nach welchen

Kriterien die Zuverlässigkeit zu beurteilen ist. Trifft die Behörde derartige Anordnungen, so ist der Gewerbeunternehmer verpflichtet, für deren Innehaltung zu sorgen. Handelt er dem zuwider, so macht er sich nach § 147 Nr. 4 l. c. strafbar. Wie er die Ausführung der Anordnungen der Behörde sichern will, ist seine Sache. Die Behörde hat sich stets an den Unternehmer zu halten und kann ihrerseits aus dem von diesem mit seinen Arbeitern geschlossenen Vertrage Rechte nicht herleiten. Für die Behörde ist dieser Vertrag in jeder Beziehung ohne Bedeutung und berechtigt sie so wenig zu einer polizeilichen Aktion, wie er sie daran hindert.

2) Die Behörde ist mithin nicht befugt, dem Unternehmer durch polizeiliche Verfügung die Aufnahme gewisser Forderungen in den Arbeitsvertrag aufzugeben. Zuwiderhandlungen gegen den § 120 a. a. O. sind durch das Gesetz selbst (§ 147 Nr. 4) unter Strafe gestellt, die Behörde ist daher ferner nicht befugt, für derartige Zuwiderhandlungen besondere polizeiliche Strafen anzudrohen. Über die Angemessenheit und Zweckmäßigkeit der dem Unternehmer gemachten polizeilichen Auflagen haben die Verwaltungsgerichte nicht zu erkennen. Glaubt der Unternehmer diese in Abrede stellen zu sollen, führt er namentlich an, daß er durch die ihm gemachten Auflagen seinen Arbeitern und seinen Konkurrenten gegenüber in eine mißliche, ihn schwer schädigende Lage gebracht werde, so kann er in dieser Beziehung nur bei der vorgesetzten polizeilichen Dienstbehörde vorstellig werden und Abhülfe erbitten. Die Polizeibehörde kann gesetzlich in der Regel nur verlangen, daß Arbeiter, welche sich für bestimmte Arbeiten als unzuverlässig erwiesen haben, zu diesen Arbeiten nicht ferner verwendet werden. Ein polizeiliches Interesse, daß der Unternehmer diese Arbeiter gänzlich entlasse, sie nicht zur Fertigung anderer Arbeiten verwende, kann als vorhanden ohne Weiteres nicht angenommen werden. Mindestens müßten doch die objektiven polizeilichen Momente dargelegt werden, welche eine derartige Auflage im einzelnen Falle rechtfertigen.

Nr. 7.

Endurteil des III. Senats vom 20. September 1886 (Entsch. Bd. XIV. S. 319).

Nach § 27 der Reichs-Gewerbe-Ordnung muß die Errichtung oder Verlegung solcher Anlagen, deren Betrieb mit außergewöhnlichem Geräusch verbunden ist, der Ortspolizeibehörde „angezeigt" werden. Zu einer nachträglichen Anzeige kann der betreffende Gewerbtreibende polizeilich nicht angehalten werden.

Nr. 8.

Endurteil des III. Senats vom 25. Oktober 1886 (Entsch. Bd. XIV. S. 323).

1) Die Polizeiverwaltungen sind befugt, den Besitzern einer Fabrik, durch deren Betrieb gesundheitsschädliche Dünste verbreitet werden, unter Strafandrohung die Abstellung derartiger Übelstände aufzugeben. Zu den Aufgaben der Polizei gehört es nicht, anzuordnen, auf welche Weise der Betrieb der Fabrik den polizeilichen Anforderungen entsprechend herzustellen ist. Dies ist allein Sache des Fabrikunternehmers.

2) Ein polizeiliches Zwangsmittel, nach welchem für jeden Kontraventionsfall eine bestimmte Geldstrafe gegen den Unternehmer der gewerblichen Anlage angedroht wird, ist für gesetzlich unzulässig nicht zu erachten.

L. Innungen.

(Einzuschalten auf S. 388 des Stammwerkes).

Nr. 5.

Endurteil des II. Senats vom 17. Mai 1886 (Entsch. Bd. XIII. S. 357).

1) Der von der Genehmigung der Innungsstatuten handelnde § 98b Nr. 2 der Reichs-Gewerbeordnung ist dahin aufzufassen, daß ein Mangel der Sicherstellung der Aufgaben der Innungen nicht darin gefunden werden kann, daß die zur Gründung derselben zusammentretenden Personen nicht sämtlich den Anforderungen des Statutes in persönlicher Beziehung entsprechen, denn das Gesetz hat einen objektiven Mangel des Statutes im Auge. Solche Bedenken gegen den Inhalt des Statutes, welche sich durch eine Änderung in der Fassung des letzteren leicht beseitigen lassen können, dürfen einen Grund zur Versagung der Bestätigung nicht abgeben.

2) Auch Rechtskonsulenten sind Gewerbtreibende und können als solche eine Innung bilden.

XX.

Krankenversicherung der Arbeiter und Eingeschriebene Hilfskassen.

(Einzuschalten auf S. 392 des Stammwerkes).

Nr. 5.

Endurteil des II. Senats vom 21. Juni 1886 (Entsch. Bd. XIII. S. 367).

Die Bestimmung in dem Statut für eine Gesellenkrankenkasse, nach welcher Mitglieder, welche der Kasse nach dem Statute angehören, während der Dauer ihrer Mitgliedschaft, auch wenn sie außerhalb des Gemeindebezirkes beschäftigt sind, nicht gezwungen werden können, einer anderen Orts-, Betriebs-, Fabrik-, Bau- oder Innungskrankenkasse oder Knappschaftskasse beizutreten, ist gesetzlich unzulässig.

Nr. 6.

Endurteil des II. Senats vom 25. März 1886 (Entsch. Bd. XIII. S. 375).

1) Die Anwendbarkeit des § 28 des Krankenversicherungsgesetzes vom 15. Juni 1883 ist nicht ausgeschlossen, wenn ein Kassenmitglied nicht auf Veranlassung des Kassenvorstandes und des Kassenarztes in eine kommunale Krankenanstalt aufgenommen worden ist. Die Kasse ist also gleichwohl zur Erstattung der im Wege der öffentlichen Armenpflege erwachsenen Kurkosten verpflichtet.

2) Eine Verletzung, welche sich Jemand durch „Unvorsichtigkeit" zugezogen hat, ist noch keine „vorsätzliche".

Nr. 7.

Endurteil des II. Senats vom 29. April 1886 (Entsch. Bd. XIII. S. 379).

Der § 28 des Krankenversicherungsgesetzes vom 15. Juni 1883 gewährt einen Anspruch unabhängig von dem § 27 a. a. O. und ist nicht dahin zu verstehen, daß er sich ausschließlich auf solche Personen bezieht, die zur Zeit der Erkrankung noch Mitglieder der Krankenkasse und noch nicht aus der Kasse ausgeschieden sind.

Nr. 8.

Endurteil des III. Senats vom 9. September 1886 (Entsch. Bd. XIV. S. 343).

Die Bestimmung in einem Ortskrankenkassenstatut, nach welchem die Gewährung freier ärztlicher Behandlung nicht nur von gewissen in der Person der Familienangehörigen beruhenden Voraussetzungen, sondern auch von der in der Person der Kassenmitglieder selbst beruhenden Bedingung abhängig gemacht wird, daß diese ihren Haushalt in dem Kassenbezirke haben müssen, ist unzulässig. Zulässig sind dagegen alle Verschiedenheiten, welche in der Verschiedenheit der „Familienangehörigen" beruhen.

Nr. 9.

Endurteil des III. Senats vom 11. Oktober 1886 (Entsch. Bd. XIV. S. 349).

Das Krankenversicherungsgesetz vom 15. Juni 1883 verfolgt den Zweck, den Kassenmitgliedern einen von den Willen des Kassenvorstandes unabhängigen, im geordneten Rechtswege zu verfolgenden Anspruch auf die von der Kasse zu gewährenden Leistungen einzuräumen. Das gilt sowohl von den der Kasse gesetzlich obliegenden Leistungen als von denjenigen, welche sie darüber hinaus zu übernehmen berechtigt ist. Es bleibt jeder Krankenkasse überlassen, ob sie solche Mehrleistungen übernehmen will oder nicht. Entscheidet sie sich aber für die Übernahme, so muß auch allen Kassenmitgliedern die Teilnahme an diesen Mehrleistungen zugestanden werden, und es ist unzulässig, dieselbe von dem Ermessen des Kassenvorstandes abhängig zu machen.

Nr. 10.

Endurteil des III. Senats vom 25. Oktober 1886 (Entsch. Bd. XIV. S. 352).

1) Die Bedingung, unter welcher für die Mitglieder der eingeschriebenen Hilfskassen weder die Gemeinde-Krankenversicherung noch die Verpflichtung einer Zwangskasse eintreten soll, besteht darin, daß die eingeschriebene Hülfskasse ihren Mitgliedern mindestens diejenigen Leistungen gewährt, welche von der Gemeinde-Krankenversicherung zu gewähren sind. Dieser Bedingung wird aber in vollem Umfange genügt durch Gewährung eines Krankengeldes von $^3/_4$ des ortsüblichen Tagelohnes, falls freie ärztliche Behandlung und Arznei nicht gewährt wird. (§§ 6 und 72 Satz 1 und 2 des Gesetzes vom 15. Juni 1883).

2) Bei Kassen, welche freie ärztliche Behandlung und Arznei nicht gewähren, soll die Gewährung eines Krankengeldes von $^3/_4$ des ortsüblichen Tagelohnes als Erfüllung sämtlicher der Gemeinde-Krankenversicherung obliegenden Leistungen gelten, so daß nicht außerdem die Lieferung von Brillen, Bruchbändern und ähnlichen Heilmitteln beansprucht werden darf.

Nr. 11.

Endurteil des III. Senats vom 25. Oktober 1886 (Entsch. Bd. XIV. S. 363).

1) Der § 57 des Krankenversicherungsgesetzes vom 15. Juni 1863 handelt nur von Unterstützungen hilfsbedürftiger Personen, welche von Gemeinden oder Armenverbänden auf Grund ihrer Verpflichtung als Träger der Armenpflegelast an Hilfsbedürftige geleistet sind.

Nr. 12.

Endurteil des III. Senats vom 9. Dezember 1886 (Entsch. Bd. XIV. S. 366).

Ortskrankenkassenbeiträge dürfen nicht — wie bei der Privatversicherung — nach dem Verhältnis von Leistung und Gegenleistung auferlegt werden, sondern sind ausschließlich nach der Leistungsfähigkeit der Kassenmitglieder, d. h. nach einem für alle Klassen gleichen Prozentsatze des durchschnittlichen Tagelohnes einer jeden Klasse zu erheben.

Nr. 13.

Endurteil des III. Senats vom 10. März 1887 (Entsch. Bd. XIV. S. 375).

1) Vermöge der Anordnung im § 23 Abs. 3 des Gesetzes vom 15. Juni 1883, daß die Statuten der Ortskrankenkasse keine ungesetzlichen Bestimmungen enthalten sollen, besteht für jene Kassen die gesetzliche Verpflichtung, aus ihren Statuten gesetzwidrige Bestimmungen zu entfernen. Wird dies von der Generalversammlung verweigert, so erfolgt die zwangsweise Abänderung des Statuts nach Maßgabe der §§ 24 und 45 Abs. 5 a. a. O.

2) Eine statutarische Vorschrift, nach welcher dem Arbeitgeber bei der Wahl des Vorstands, des Vorsitzenden und dessen Stellvertreters, das Wahlrecht (aktiv und passiv) versagt ist, verstößt nicht wider das Gesetz.

XXI.

Das Bauwesen.

(Einzuschalten auf S. 420 des Stammwerkes).

Nr. 50.

Endurteil des II. Senats vom 18. März 1886 (Entsch. Bd. XIII. S. 391).

1) Neue baupolizeiliche Vorschriften finden auf bereits bestehende Bauten nur dann Anwendung, wenn dies in den betreffenden Verordnungen ausdrücklich vorgeschrieben ist.

2) Polizeiverordnungen, welche derjenigen Formen ermangeln, durch deren Vorhandensein ihre Rechtsgültigkeit bedingt ist (§ 5 Abs. 3 des Polizeiverwaltungsgesetzes vom 11. März 1850), sind rechtsunanwendbar.

3) Die Nichtbeachtung des § 367 Nr. 15 des Reichsstrafgesetzbuches macht den Bauherrn nur straffällig, zieht aber nicht die Beseitigung des vorschriftswidrig angelegten Bauwerkes nach sich, auch bewirkt der Mangel einer baupolizeilichen Erlaubnis nicht ohne weiteres einen unstatthaften, von der Polizeibehörde abzustellenden Zustand.

4) Die polizeiliche Bauerlaubnis (A. L.-R. I. 8 § 67) ist nichts anderes, als die Erklärung der zuständigen Behörde, daß dem beabsichtigten Bau Hindernisse im öffentlichen Recht nicht entgegen stehen.

5) Für den Erlaß von Polizeiverordnungen können völlig andere Rücksichten maßgebend sein als für den Erlaß von polizeilichen Einzelverfügungen.

Nr. 51.

Endurteil des II. Senats vom 18. Januar 1886 (Entsch. Bd. XIV. S. 397).

Gebäude, welche entgegen den Vorschriften der geltenden Baupolizeiordnung errichtet worden sind, können nur dann im Wege des polizeilichen Zwanges vollständig wieder beseitigt werden, wenn die Möglichkeit ausgeschlossen ist, die Beseitigung der gerügten Mängel in anderer Weise, d. h. ohne den Abbruch des ganzen Gebäudes herbeizuführen.

Die betreffenden polizeilichen Verfügungen können auch im gegebenen Falle an den Konkursverwalter gerichtet werden.

Nr. 52.

Endurteil des II. Senats vom 15. April 1886 (Entsch. Bd. XIV. S. 402).

Über die Erhaltung der an städtische Straßen stoßenden, dem Publikum gefahrdrohenden Gebäude in baulichem Zustande steht den Verwaltungsgerichten, soweit es sich um die „Ausführung“ eines Zwangsmittels handelt, eine Entscheidung nicht zu. §§ 132 ff. des L.-V.-G. vom 30. Juli 1883.

Nr. 53.

Endurteil des II. Senats vom 11. Februar 1887 (Entsch. Bd. XIV. S. 379).

Wenn die Polizeibehörde jemandem einen Baukonsens erteilt, so hat der Nachbar oder sonst ein dritter nicht das Recht, dieserhalb im Verwaltungsstreitverfahren gegen die Polizeibehörde oder gegen den Bauherrn zu klagen. Höchstens könnte er über die Polizeibehörde bei deren Aufsichtsbehörde Beschwerde führen, oder gegen den Bauherrn im ordentlichen Rechtswege vorgehen. (Stammwerk S. 395).

Nr. 54.

Endurteil des II. Senats vom 21. Januar 1887 (Entsch. Bd. XIV. S. 384).

Die Versagung eines Baukonsenses oder sonstige Baubeschränkungen sind vor der Bekanntmachung der neuen Fluchtlinie in Gemäßheit des Gesetzes vom 2. Juli 1875 selbst dann nicht gerechtfertigt, wenn der beabsichtigte Bau die künftige Fluchtlinie beeinträchtigen würde.

XXII.

Ansiedlungen und Kolonien.

(Einzuschalten auf S. 429 des Stammwerkes).

Nr. 14.

Endurteil des I. Senats vom 1. März 1882 (Entsch. Bd. VIII. S. 352). Stammwerk S. 425.

Ein aus der Rechtssphäre eines Dritten entnommener Einwand. Ein solcher ist unzulässig und würde vorliegen, wenn etwa in einem Ansiedlungsverfahren seitens der thatsächlich zugezogenen Parteien Beschwerde darüber geführt würde, daß nicht noch andere Widersprechende gehört worden sind.

XXIII.

Versicherungen.

(Einzuschalten auf S. 435 des Stammwerkes).

Nr. 12.

Endurteil des III. Senats vom 3. März 1887 (Entsch. Bd. XIV. S. 334).

Das Landrecht verbietet eine Doppelversicherung nur in dem Sinne, daß derselbe Gegenstand nicht mehrfach zum vollen Wert versichert werden darf, nicht dagegen eine anteilige Versicherung desselben Objektes bei mehreren Versicherern. Letztere ist im Bereich der Mobiliarfeuerversicherung durch die Spezialvorschrift des Gesetzes vom 8. Mai 1837 (§ 2) gleichfalls untersagt. Diese Vorschrift gilt für die Gebäudeversicherung nicht.

Gegenstand der Gebäudeversicherung ist nicht der fundus, auf welchem die versicherten Gebäude stehen, sondern diese einzelnen Gebäude selbst. Durch den Untergang eines Gebäudes erlischt die für dasselbe geschlossene Versicherung; ein an dessen Stelle errichteter Neubau tritt nicht ohne weiteres in die Versicherung ein.

XXV.

a) Staatsangehörigkeit.

Nr. 1.

Endurteil des I. Senats vom 23. Juni 1886 (Entsch. Bd. XIII. S. 409).

1) Eine auf die Ausweisung eines Ausländers aus dem preußischen Staate gerichtete polizeiliche Verfügung kann nicht aufrecht erhalten werden, wenn dieser Ausländer einmal das Indigenat in einem deutschen Bundesstaate erworben hat.

2) Wegen eines etwaigen Irrtums oder Mißgriffes in der Prüfung der thatsächlichen Verhältnisse ist die Aufsichtsinstanz zum nachträglichen Einschreiten und zur Aufhebung einer einmal erteilten und gesetzmäßig zugestellten Naturalisationsurkunde nicht für befugt zu erachten.

Nr. 2.

Endurteil des I. Senats vom 13. Oktober 1886 (Entsch. Bd. XIV. S. 388).

1) Der Anspruch eines Deutschen, welcher die Staatsangehörigkeit durch Aufenthalt im Auslande verloren hat und demnächst nach Deutschland zurückgekehrt ist, auf Erteilung der Aufnahmeurkunde gemäß § 21 Abs. 5 des Reichsgesetzes vom 1. Juni 1870 kann nicht durch Klage auf Aufhebung einer ergangenen polizeilichen Ausweisungsverfügung geltend gemacht, sondern nur in dem durch § 155 des Zust.-Ges. vorgeschriebenen besonderen Verfahren (Antrag beim Regierungspräsidenten, gegen dessen abweisenden Entscheid binnen zwei Wochen Klage beim O.-V.-G.) verfolgt werden.

2) Die Vorschrift des § 21 Abs. 3 des Ges. vom 1. Juni 1870, nach welcher die zehnjährige Abwesenheitsfrist, welche den Verlust der Staatsangehörigkeit bedingt, für solche Deutsche, welche im Auslande eine fremde Staatsangehörigkeit erworben haben, durch Staatsvertrag bis auf fünf Jahre herabgesetzt werden kann, bezieht sich nicht nur auf Staatsverträge, die erst nach Erlaß dieses Gesetzes abgeschlossen wurden, sondern auch auf damals bereits bestehende, insbesondere auf den Staatsvertrag mit den Vereinigten Staaten von Nordamerika vom 22. Februar 1868.

3) Im Falle der abgekürzten fünfjährigen Frist des § 21 Abs. 3 findet ein Anspruch des zurückkehrenden Deutschen auf Erteilung der Wiederaufnahmeurkunde, wie ihn der Abs. 5 demjenigen zuspricht, welcher durch zehnjährige Abwesenheit die Staatsangehörigkeit verloren hat, nicht statt.

Vierte Abteilung.

Der Verwaltungsprozeß.

XXVIII.

Das Verfahren in Disziplinarsachen.

(Einzuschalten auf S. 458 des Stammwerkes).

Nr. 5.

Endurteil des I. Senats vom 20. Dezember 1886 (Entsch. Bd. XIV. S. 404).

Die Staatsbeamten sind in ihrer politischen Thätigkeit als Staatsbürger nicht von den ihnen durch ihr Staatsamt auferlegten Pflichten entbunden. Im Begriffe der „Dienstvergehen" im Sinne der §§ 2 und 3 des Disziplinargesetzes vom 21. Juli 1852 liegt es, daß die Anforderungen, welche im Interesse des Amtes von jedem Beamten erfüllt werden müssen, sich über die Amtsverwaltung hinaus auf das gesamte außeramtliche Verhalten des Beamten erstrecken. Dies gilt sowohl von unmittelbaren als mittelbaren Staatsbeamten.

Nr. 6.

Endurteil des I. Senats vom 4. Dezember 1886 (Entsch. Bd. XIV. S. 410).

1) Ein Ortsvorsteher, welcher zu stempelpflichtigen amtlichen Schriftstücken den gesetzlichen Stempel nicht verwendet, kann seitens des Landrates in eine Ordnungsstrafe genommen werden.

2) Diese Ordnungsstrafen sind aber keine Disziplinarstrafen im Sinne des Gesetzes vom 21. Juli 1852, auch findet gegen dieselbe das Beschwerde- und Verwaltungsstreit-Verfahren in Gemäßheit des Zust.-Ges. vom 1. August 1883 nicht statt.

XXIX.

Konflikte.

(Einzuschalten auf S. 467 des Stammwerkes).

Nr. 15.

Endurteil des I. Senats vom 16. Juni 1886 (Entsch. Bd. XIV. S. 420).

Ein Polizeibeamter, welcher selbständig und frei auf Grund einer noch nicht in Kraft getretenen Polizeiverordnung amtlich eingeschritten ist, hat sich einer Überschreitung seiner amtlichen Befugnisse im Sinne des § 11 Nr. 1 des

Einführungsgesetzes zum Gerichtsverfassungsgesetze vom 27. Januar 1877 (R.=G.=Bl. S. 77) schuldig gemacht. Ob diesem Beamten aber in seinem Verfahren ein Verschulden zur Last fällt, welches den von jener Polizeiverordnung oder von einer auf Grund derselben erlassenen polizeilichen Verfügung Betroffenen zu einem Anspruch auf Schadenersatz berechtigt, ist eine Frage, welche ausschließlich der Kognition des Zivilrichters unterliegt.

Nr. 16.

Endurteil des I. Senats vom 17. Februar 1886 (Entsch. Bd. XIV. S. 427).

1) Nach Magdeburger Provinzialrecht gelten die wilden Kaninchen als Gegenstand des freien Tierfanges, nach sächsischem Provinzialrechte aber als Gegenstand des Jagdrechtes. (Holz=, Mast= und Jagdordnung für das Herzogtum Magdeburg vom 3. Oktober 1743).

2) Ein Amtsvorsteher, welcher im Magdeburgischen einem Frettchenjäger das Jagdgerät abnimmt oder abnehmen läßt, macht sich objektiv einer Überschreitung seiner Amtsbefugnisse schuldig und ist dem Beschädigten zivilrechtlich verantwortlich. Auf die Entschuldbarkeit seines Irrtums kann er einen Konflikt nicht gründen.

Chronologisches Register.

Abkürzungen: E. = Endurteil. V. = Verordnung.

Alphabetisches Register.

Die beigefügten Zahlen verweisen auf die Seiten.

A.

B.

C.

D.

E.

F.

H.

J.

K.

M.

O.

P.

Q.

R.

W.

Z.

FSC
www.fsc.org
MIX
Papier | Fördert gute Waldnutzung
FSC® C083411

Kolibri 360 GmbH
Ferdinand-Jühlke-Straße 7
99095 Erfurt, Deutschland
produktsicherheit@kolibri360.de